古書之韵

婚禮新編

[宋] 丁昇之 輯

中国書店

圖書在版編目（CIP）數據

婚禮新編 /（宋）丁昇之輯．— 北京 ：中國書店，2021.5

（古書之韵叢書）

ISBN 978-7-5149-2760-3

Ⅰ．①婚… Ⅱ．①丁… Ⅲ．①婚姻－風俗習慣－中國－古代 Ⅳ．①K892.22

中國版本圖書館CIP數據核字(2021)第024062號

婚禮新編

[宋] 丁昇之　輯

責任編輯：劉深

出版發行：中國書店

地　　址：北京市西城區琉璃廠東街115號

郵　　編：100050

印　　刷：藝堂印刷（天津）有限公司

開　　本：787毫米×1092毫米　1/16

版　　次：2021年5月第1版　2021年5月第1次印刷

印　　張：29.5

書　　號：ISBN 978-7-5149-2760-3

定　　價：175.00元

内容提要

《婚禮新編》，二十卷，南宋丁昇之辑，宋刻元修本。此書輯録宋代婚禮書儀和與婚姻有關的古代典故文獻，彙爲一編，分門别類抄纂而成，係爲滿足當時婚禮的查檢需求而專門編纂的日用生活型通俗類書。《婚禮新編》保存了宋代婚書的内容、格式和用語，對于研究當時民俗情况頗有裨益，對其他傳世文獻也有一定的校勘作用。

是書卷一記婚禮程式、往來書儀程式；卷二至卷十録諸家婚禮書帖若干，分求允、答允、謝媒、求親、答未允、許親等二十餘類，所記者包括蘇東坡、黄山谷、吕伯恭、陸務觀等名家，亦有黄知縣、陳舍人、趙將領等不具全名者，諸家可考知生活年代者，多生活在宋南渡之後，可知是書編輯當在南宋；卷十一至卷二十則記古人婚禮風俗，徵引遍及四部，其中頗多今已失傳之書，如蕭方《三十國春秋》以及《三國典略》《王直方詩話》《古今詞話》《郡閣雅談》等。書儀作者多是閩浙贛學者，或曾在三地爲官游學者，與當時三地文化發達且地理交界有關。

丁昇之，生平無考。據《婚禮新編》卷十二卷端所題『武夷丁昇之升伯集』，可知係武夷人，字升伯。

此書引及沈括（一〇三一—一〇九五）《夢溪筆談》、葉夢得（一〇七七—一一四八）《石林燕語》等書，則是書之作成與刊刻必在諸書行世之後。此本避宋帝名諱，筐、貞、殷、弘、玄、鉉、桓、慎、敦等字多缺筆。《婚禮新編》刊刻後，官修、私修書目均少記載。通俗日用類書過去以用爲主，所以保藏情況不佳，流傳稀少。此刻本亦有殘缺，文中時有鈔補，亦有空缺。

此《婚禮新編》鈐『香嚴審定』『錫山安氏西林秘藏』『吴興沈氏□公收藏書畫之印』『還讀我書之室』『何印克昌』『西林隱居』『安生』『石埭沈氏藏書』『紹庭』『穎公鑒藏書畫印』『昭明洞天』等印，知其曾經明清兩代藏書名家遞藏。另有枝山學、祝印允明等印，疑僞。此本有曹淇木記，木記共百三十三字，稱『予性頗愛書，一書未有必罄囊市之，窘于厥志未伸，群書無由悉備。凡所有者不過薄于自奉以致之耳。聞有先世所遺十不一二，凡我子孫宜珍惜寶愛以承厥志。苟不思得之之難，輕視泛藉以致狼藉散失，不孝之罪莫大焉。至于借匿陰盗之徒，又不仁不義之甚者矣。予故著之簡端，使借者守者惕然知警云。大塚宰從孫句容曹淇謹識』。據《藏園群書經眼録》卷十，此木記亦見于宋刊本《古今合璧事類備要》各卷。句容曹淇爲藏書舊家，生平不詳。

中國國家圖書館　潘菲

二〇一九年八月二十日

目録

婚禮新編卷之十

婚禮新編卷之十一（闕）

婚禮新編卷之十二

婚禮新編卷之十四 二七一

婚禮新編卷之十五　二九一

婚禮新編卷之十六

婚禮新編卷之十八

婚禮新編目録

卷之二

葉仲洽二首　魏直閣元䫆二首

陳簽判三首　陳伯温

黄知縣

卷之四至五

荅定

孫尚書九首　熊舍人子復

黄山谷三首　吕郎中

劉聘君致中　江文卿六首

游子蒙　翁縣丞

彭應期一首　藍知軍永年

江清卿　張參政

卷之六至七

姑舅

孫尚書 三首　　呂郎中

王狀元 三首　　江文卿 二首

歐陽知縣　　高伯強

范澤民　　張主簿 二首

晁侍郎

荅

江文卿　　丁潮州

陳舍人　　江清卿

翁縣丞 二首　　葉子實

陳簽判　　歐陽知縣 二首

孫太冲

呂郎中　汪内翰

陸提舉 務觀　陳僉判

陳桂卿

荅

歐陽知縣　黃山谷

孫尚書 三首　呂郎中

女先男

江文卿

荅

毗陵公

卷之九

兩峽

陳桂卿二首

荅

江文卿

弟妹

王狀元　屏山先生劉彥冲

王參政瞻叔　彭應期

荅

劉觀文共甫　韓徽猷子蒼

江文卿

師友

王狀元　王秘讀克勤

熊主簿

答
呂郎中　熊知縣山甫
陳桂卿
納婿
江元吉
答
王狀元
宗姻
彭應期　藍魯堅
答
歐陽知縣　毛澤民
趙將領　陳通判曾仲

吳叔才　翁縣丞

贊

張參政　陳季卿

荅

黄元壽　彭君禮

娶妾

陳桂卿

荅

江丈卿　李知縣石才

取倡

江宗院

荅

卷之十一

愼婚

禮記婚儀

郊特牲　哀公問

親迎　儀禮

鄭忽　豆籩三殺

酉陽雜俎　入帳

女坐鞍　壻坐鞍

合歡鈴　九子墨

薦石榴　餪女

結髮　當梁作

婚夜以合　白虎通

禮制

媒氏　勾踐

卷之十二

前定

孫興公　　馮素弗

無鹽

擇婦

光武　　馬優

晋武帝　　王汝南

呂範　　馬司徒

荀燦　　晋元帝

卜相擇婦問

黄霸　　郭士

陳希夷　　相里女

馬周

不腆擇

郗鑒　謝琨

王戎　山簡

殷儀　管毅

權德輿　韋夏卿

晏元獻　陳袛

擇婿章

女自擇

徐吾犯妹　孟光

徐女　婁后

婁氏　崔女

嗅女　李林甫

柴氏

卷之十五

高謙　錢道戢

魏悅　殷景仁

才學

虞世基　羊祜

崔謙之　鄧攸

李頻　李談

朱選之　柳并

蘇舜欽　胥茂諶

鄭義　傅俟

崔儦　程畋

雍邵

及第發要

陸暢　　李象
劉嶧　　白鎮
李夔之　　蔡君謨
王沂公　　富文忠公
王定保
豎後及第
袁鵠　　盧儲
常倫　　竇璠
門下士
公孫瓚　　韋孝寬
李若初　　姜宇
杜蕃　　陸遜

王鍔　裴敞

太學士人　張延賞

容儀

陳平　王凱

干顗　王慧龍

韋斌　柳澤

卷之十六

師友

張博　馬融

鮑宣　郭瑀

張承　鮑玄

戴逵　張徹

李漢　范蜀公
腹昬
光武　韋放
崔浩
幼昬
白氏訴　文王
楊椿　謝瀹
周弘正　王僧達
柳偃　杜驥
江斅　長孫澄
徐儉　王吉
文中子　傅成

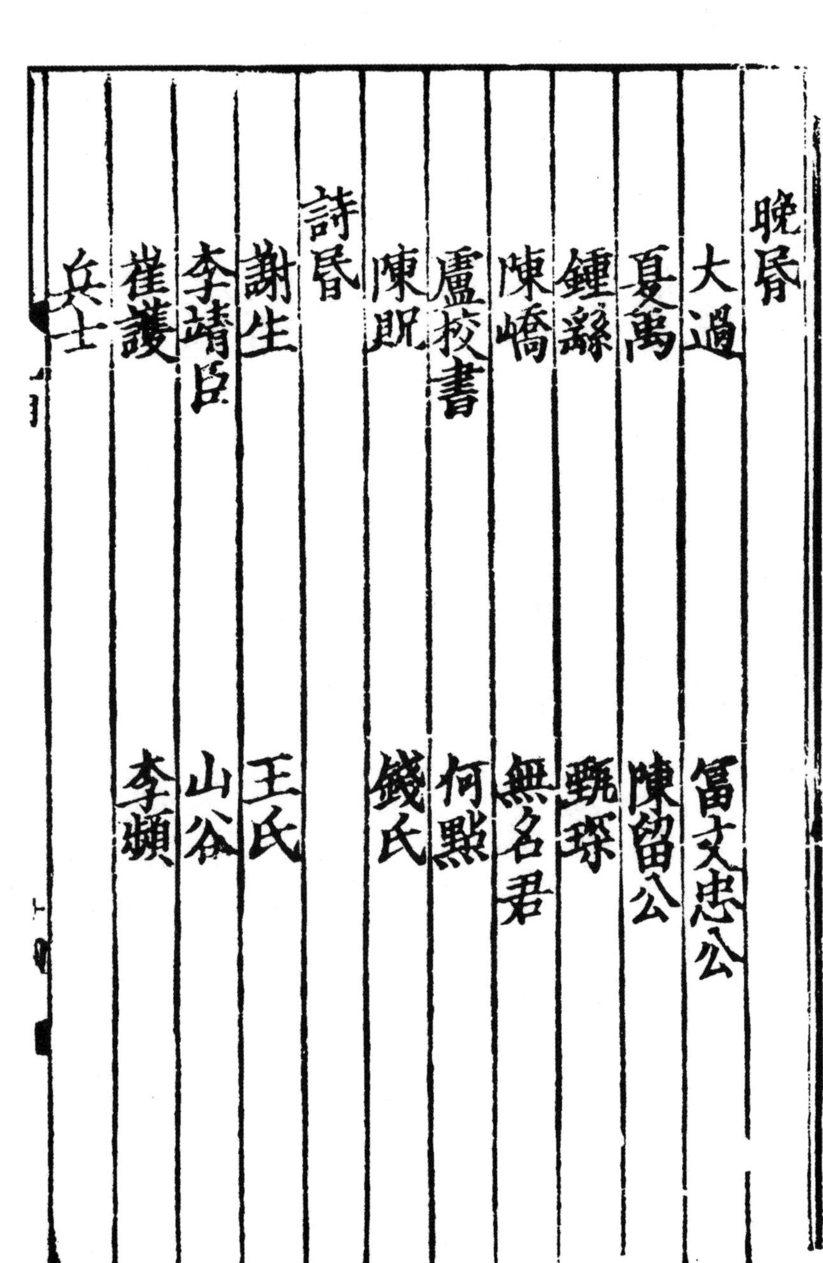

晚昏

大過　富文忠公

夏禹　陳留公

鍾繇　甄琛

陳嶠　無名君

盧校書　何點

陳既　錢氏

詩昏

謝生　王氏

李靖臣　山谷

崔護　李頻

兵士

武勇

劉秀之　郭默

劉遐　英布

聽頭甲　雍氏

李光顏　胡貴嬪

卷之十七

姑舅

宋鄭　季平子

顏協　賁觀

陸裯　王氏

老蘇

舅甥

李君房　　老杜
李靖　　褚安仁
魏舒　　李繪
衛玠　　王忱
荀勗　　謝絢
和嶠　　家舅
何無忌　　徐湛之
阮籍　　樂藹
劉孝綽　　渭陽
李白　　羊曇
江總　　秦晉
王褒　　頍弁

韓充　韓伯
劉璵　孫甥
彌甥　祖舅
從孫甥　鍾瑾
袁彖　崔休
袁湛　孫權

游子

李白　王陟

患難

慶封　公冶長
李燮　劉禪
裴伷　杜祁公

季芊　　長孫承業

段氏　　太宗

張孝忠　　賀瓌

盧度世

財昏

陽雍伯　　張老

屠牛吐　　秦伯

鄒駱駝　　饒利用

封述　　蕭惠開

衛人

弃華尚素

袁隗　　孔淳之

裴頠　劉凝之
范文正公
謙遜
弊無存　黃公
蒼梧饒　韋孝寬
劉芳
連襟
叔隗季隗　哀侯息侯
彌子子路　大橋小橋
王庾　蕭陸
二崔　賈充二壻
王歐　范鄭王滕

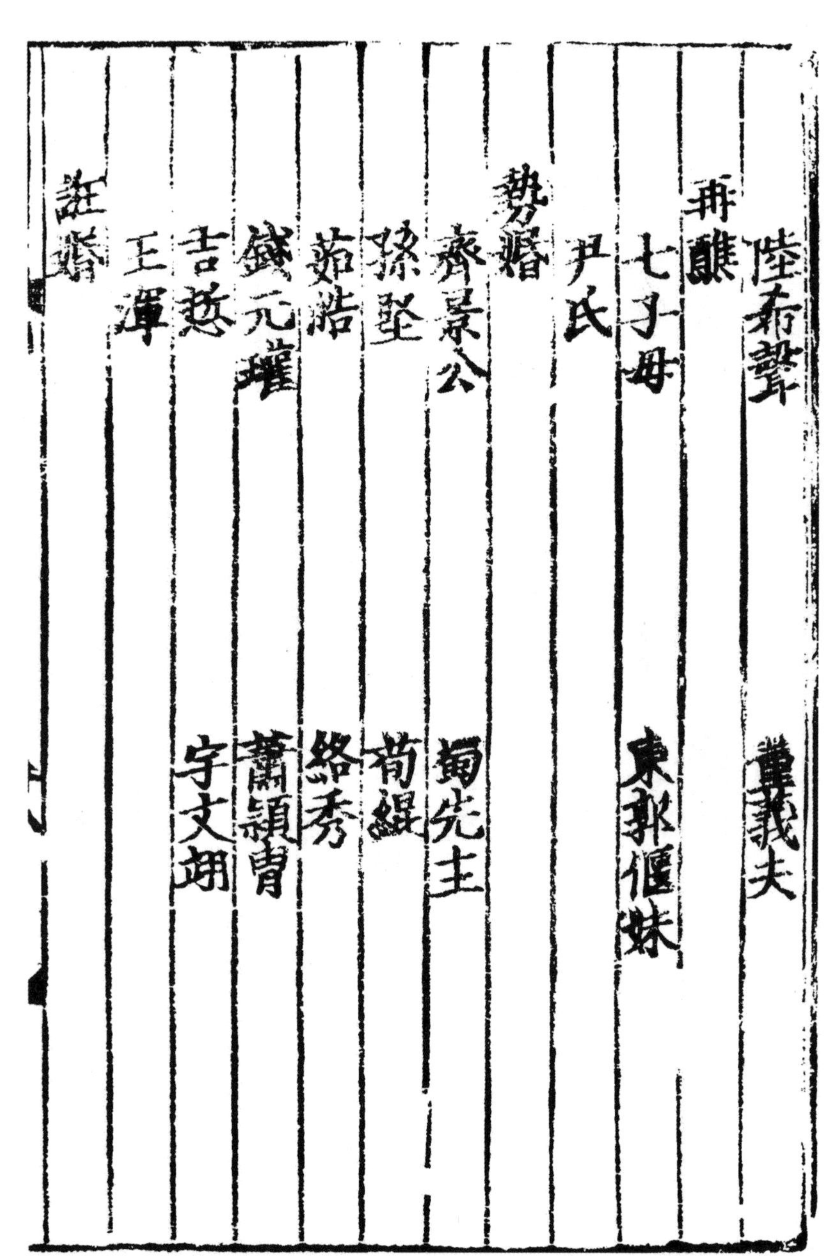

陸希聲　韋義夫

再醮

七子母　東郭偃妹

尹氏

勢婚

齊景公　蜀先主

孫堅　荀緄

茹浩　絡秀

錢元瓘　蕭穎胄

吉逖　宇文朗

王渾

誑婚

諸葛恢　王遹

祖無擇

強婚

公孫黑　齊侯

來俊臣　于頔

李汾　樊兵曹

柳仲塗　高乾

周行逢

諫婚

張安世　秋胡

王司封妻　盧氏

樊儵　劬姆

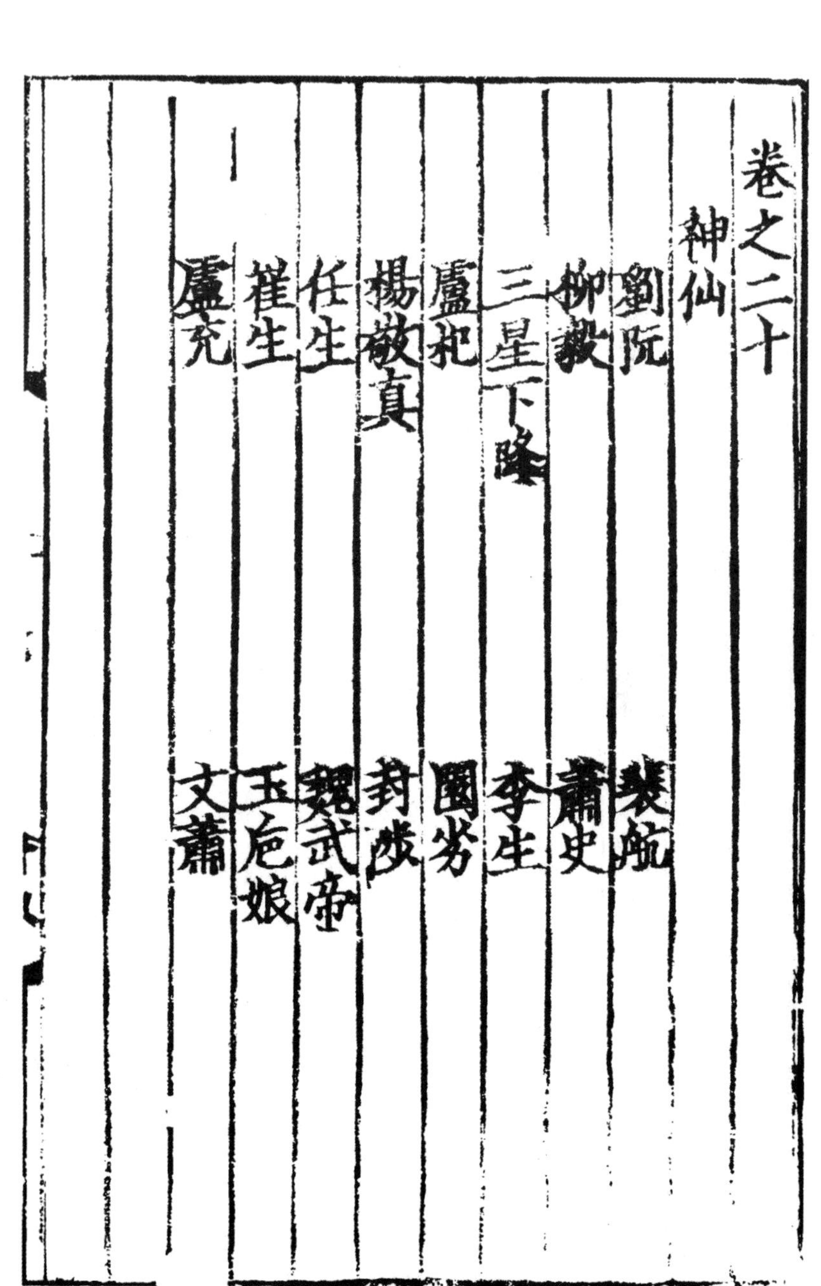

卷之二十

神仙

婚禮新編卷之一

婚禮

武夷丁昇之集

文正公司馬氏

男子年十六至三十女子年十四至二十身及主婚者無期以上喪皆可成婚必先使媒氏往來通言俟女氏許之然後遣使者納采使者擇家之子弟為之

納采納其采擇之禮

前一日主人謂婿之祖父若父也如無即日男家長為之女家主人准此具香酒脯醢無脯醢者止用食一二味可也先告於影堂主人北向立焚香酹酒俛伏興立祝懷辭祝以家之子弟為之後准此辭為寫祝文於後祝由主人入左進東向搢笏出辭跪讀之曰某名婿父之子某婿名將

婿於某氏〔婿名〕敢告〔祝〕興主人再拜出撤闔影堂門乃命使者如女氏女家主人亦告于祖禰曰某之女某將嫁于某氏如婿父之儀其日日出〔日出時也〕使者盛服執生鴈左首飾以繢〔用鴈者取其順陰陽往來之義若無綵生鴈則刻木為之[illegible]以繢以生色繒交絡之〕止于女氏之門外門者入告女家主人盛服出迎揖讓入門揖讓升堂主人立阼階上西向賓立西階上稍北東向賓曰吾子有惠貺室某〔婿名〕也某〔婿父名〕有先人之禮使某〔使者名〕請納采主人對曰某〔女父名〕之子〔妹姪孫惟其所當〕惷愚又弗能教吾子命之某不敢辭北向再拜賓避之不答拜〔奉使不敢當尊者之禮〕某主人賓皆進就兩楹間並立南向賓授鴈主人受之以授執事者乃交授書〔書者別書納采問名之辭於紙後具年月日[illegible]主官位姓名上賓主各懷之旣授鴈因交[illegible]婿家書授女家女家書授婿家〕

三八

納于懷退各以授執事者賓降出門東向立

問名（問名者將歸卜其吉凶與納采同時）

主人降階立俟于門內之東西向使擯者出請事（擯者主人擇子弟爲之）賓曰請問名擯者入告主人出延賓賓執鴈復入門與主人揖讓升堂復前位賓曰其名（使者）既受命將加諸卜敢請女爲誰氏對曰吾子有命且以備數而擇之某不敢辭女子弟發賓授鴈交授書降出主人立于門內如初擯者出延賓曰請禮從者對曰其既得將事矣敢辭主人曰敢固以請賓曰某辭不得命敢不從遂入與主人揖讓拜起（使者舊拜主人於此方叙叙禮）飲酒三行或設食而退如常儀

納吉（歸卜得吉兆復使使者往告）

納吉用鴈賓曰吾子有貺命某壻父名加諸筮卜曰吉使某使者名也敢告主人對曰某女父名之子不教惟恐弗堪子有吉我與在某女父名不敢辭餘如納采儀

納幣

納幣用雜色繒五匹為束五匹卷其兩端合為一束而已兩鹿皮使者執束帛執事者二人執皮反之令文在内左手執前兩足右手執後兩足隨賓入門及庭三分之一而止北向西上賓與主人揖讓升堂賓曰吾子有嘉命貺室某壻名也某壻父名有先人之禮儷皮束帛使某使者名也請納幣主人對曰吾子順先典貺某女父名重禮某不敢辭敢不承命於賓之致命也執皮者釋外足復之令文在外於主人之受幣也主人之執事者二人自東來出於執皮

者之後受皮於執皮者之左逆從東出餘如納吉禮

請期夫家下得吉日請期使使者往告之

請期用鴈賓曰吾子有賜命某婿父名既申受命矣使某使者名也請吉日主人曰某既受命矣惟命是聽賓曰某婿父名命某使者名聽命於吾子主人曰某固惟命是聽賓曰某使某受命吾子不許某敢不告期曰某日主人曰某敢不謹須餘如納幣禮

親迎

前期一日女氏使人張陳其婿之室俗謂之鋪房古雖無之然今世俗所用不可發也牀榻薦席倚卓之類婿家當具之氈褥帳幔衾綯之類女家當具之所張陳者但氈褥帳幔帷幕之類應用之物其衣服襪履等不用者皆鎖之篋笥世俗盡陳之欲以誇富侈此乃婢妾小人之態不足為也文中子曰昏而論財夷虜之道也夫昏姻者所以合二上以事宗廟下以繼後世也今世俗之貪鄙者

先問資裝之厚薄將嫁女先問聘財之多少至於立契約云某物若干某物若干以求售其女者亦有既嫁而復欺紿負約者是乃駔儈鬻奴賣婢之法豈得謂之士大夫昏姻哉其舅姑既被欺紿則殘虐其婦以攄其忿由是愛其女者務厚資裝以悅其舅姑殊不知彼貪鄙之人不可盈厭資裝既竭則安用汝女哉於是質其女以責貨於女氏貨有盡而責無窮故婚姻之家往往終為仇讎矣是以世俗生男則喜生女則戚至有不舉其女者用此故也然則議婚姻有及於財者皆勿與為昏姻可也讎音酬駔祖朗切儈工外切

及期

婿具盛饌古者同牢而食必殺牲開元禮一品以下用少牢六品以下用特牲恐非貧家所辦故止具盛饌而已

設盥盆二於阼階東南皆有臺帨巾二各在盆東皆有架水甖在二盥盆中央有勺設倚卓各二於室中東西相向各置盃匕箸蔬果於卓子上羃之士昏禮媵布席于奧夫入于室即席婦尊西南面既設饌御布對席今室堂之制異於古故但東西相向而已古者命士以上父子皆異宮故各有堂室奧阼今則不然子舍隘狹或家西北向皆不可知今假設南向之室而言之左為東右為西前為南後為北

酒壺在東席之後墉下置合巹一注於其

南卓子上巹以瓠剖而為二音謹又設酒壺於室外亦一注有盃此所以飲從者也室外盥則於側近別室置之其盃數臨時量人之多少又設酒壺盃注於堂上初婿婿盛服世俗新婿盛戴花勝擁蔽其首面殊失丈夫之容躰必不得已且隨俗戴花一兩枝勝一兩枝可也○或問伊川先生曰士未仕而昏用命服禮乎曰婚姻重禮重其禮者當盛其服況古亦有是士乘墨車之類今律亦許假借曰無此服而服之恐為曰不然今之命服乃古之下士之服古者有其德則仕士未仕者也服之其宜也若農商則不可非其類也或曰不必用可否曰不得不可以為愧今得用而用之向害過期非也主人亦盛服坐於堂之東序西向設婿席於西北南向婿升自西階立于席西南向贊者兩家各擇親戚及婦人習於禮者為之凡婿及婦行禮皆贊者相導之取盃斟酒執之詣婿席前北向立婿再拜升席南向受盃跪祭酒興就席末坐啐酒興降西授贊者盃又再拜此所謂醮也進詣父坐前東向跪父命之曰往迎爾相承我宗事勉率以謹若則有常

（祖父之命之則）子曰諾惟恐弗堪不敢忘命俛伏興再拜出乘馬（二人執燭馬前伊川禮云當量居之遠近）婿至于女氏之門外下馬俟于次（女家必要先設婿俟于外）女家亦設酒壺盃注於堂上於婿之將至女盛飾姆相其禮（姆音茂以乳母或老女僕爲之）奉女立於室戶外南向姆在其右從者在後父坐於東序西向母坐於西序東向（祖父母在則祖父母醮而命之）設婦席於母之東北南向贊者醮以酒如婿父醮子之儀姆導女出於母左父少進命之曰戒之謹之夙夜无違爾舅姑之命母送女至于西階上爲之整冠斂帔命之曰勉之謹之夙夜無爲爾閨門之禮庶母姑嫂姊送至于中門之内爲之整裙衫申以父母之命曰謹聽爾父母之言夙夜無愆父既醮女即先出迎婿于門外（伊川先生婚禮賓將至賓婿也儐俟于大門之外主人俟于門

內賓下車儐進揖請事賓以价對曰父某命婿某以茲初婚將請承命儐對曰主人固以恭俟儐揖入門主人揖賓及階主人揖升介以賓升介南面贄賓就位再拜贄即席內告具主人肅賓而先賓從之見于廟至于中堂見女之尊者徧見女之黨於東序贄者迎賓出就位卒食主人請入戒女奉女辭于廟揖讓以入婿執鴈以從至于廳事主人升自阼階立西向壻升自西階北向跪置鴈於地主人侍者受之婿俛伏興再拜主人不荅拜姆奉女出于中門婿揖之降自西階以出婦從後主人不降送婿至婦氈車後之右舉簾以俟姆辭曰未教不足與為禮也士婚禮婿御婦車授綏姆辭不受注婿御者親而下之綏所以引升車者僕人之禮必授人綏今車無綏故舉簾以代之婿乃自車右出車前過立於左轅側俟姆奉婦登車下簾婿右執策左撫轅行驅車輪三周止車以俟今婦人幸有氈車可乘而世俗重檐子輕氈車借使親迎時暫乘氈車庸何傷哉然人亦有性不能乘車乘之即嘔吐者則自乘檐子其御輪三周之禮更无所施姆亦

用矣婿乘馬在前婦車在後亦以二燭前導男率女女從男夫婦剛家之義自此始也婿先至廳事俟婦下車揖之遂導以入婦從之執事先設香酒脯醢於影堂無脯醢量具殽羞一兩味舅姑盛服立於影堂之上舅在東姑在西相向贊者導婿以婦至于階下北向東上無階則立於影堂前主人進北向立焚香跪酹酒俛伏興立祝懷辭由主人之左進東面搢笏出辭跪讀之曰某婿名以今月吉日迎婦某婦姓氏來見祖禰祝懷辭出笏興主人再拜退復位婿與婦拜如常儀出撤闔影堂門古無此禮今謂之拜先靈亦不可廢也贊者導婿揖婦而先婦從之適其室婿立于南盥之西婦立于北盥之西皆東向婦從者沃壻盥于南婿從者沃婦盥于北從者各以其家之女僕爲之前唯此帨手畢揖而行升自西階士婚禮及寢門揖入升自西階媵御沃盥交注

媵送也謂女從者也御音訝御迎也謂婿從者也媵沃婿盥於南洗御沃婦盥於北洗夫婦始接情有廉恥媵御交導其志按洗在阼階東南既升階不容降階何由復至洗所故今先盥而升階婦從者布席於閫内東方婿從者布席於西方婿婦逾閫婿立于東席婦立于西席婦拜婿荅拜古者婦人與丈夫爲禮則俠拜鄉里舊俗男女相拜女子先一拜男子拜女子一拜女子又一拜蓋由男子以再拜爲禮女子以四拜爲禮故也古无婿婦交拜之儀今世俗始相見交拜拜致恭亦事理之宜不可發也俠音夾婿揖婦就坐婿東婦西古者同牢之禮婿在西東向婦在東西面蓋古人尚右故婿在西尊之也今人既尚左且須從俗婿從者徹羃置饌婿婦皆先祭後食食畢婿從者啓壺入酒于注斟酒婿揖婦祭酒舉飲置酒舉殽殽者乃今之下酒也又斟酒舉飲不祭無殽又取巹分置婿婦之前斟酒舉飲不祭無殽婿出就他室媵與婦留室中乃徹饌置室外設席婿從者餕婦之餘婦從者餕婿之餘婿復入室脫服

婦從者受之婦脫服婿從者受之燭出（古詩云結髮爲夫婦言自笄歲始結髮以來即爲夫婦猶李廣云廣結髮與匈奴戰也今世俗有結髮之儀此尤可笑）於婿婦之適其室也主人以酒饌禮男賓於外廳主婦以酒饌禮女賓於中堂如常儀（古禮明日舅姑乃饗送者今從俗）不用樂（曾子問曰取婦之家三日不舉樂思嗣親也今俗昏禮用樂殊爲非禮）

婦見舅姑

婦明日夙興盛服飾俟見舅姑執事者設盥盆於堂阼階下帨架在北兄弟姊妹立于盆東西向男女異列男在北女在南皆北上平明舅姑坐于堂上東西南向各置卓子於前贄者見婦于舅姑婦北向拜舅于堂下（古者拜于堂上今拜堂下恭也可從衆）執笄（古笄制度漢世已不能知今但用小箱以皂衣之皂表緋裏以代笄可也）實以棗栗升自西階進至舅前北向奠于卓子上

舅撫之侍者撤去婦降又拜舅畢乃拜姑別受笄實以腶脩腶脩今之纍脯是也升至姑前北向奠于卓子上姑舉之以授侍者婦降又拜執事者設席於姑之北南向設酒壺及注盃卓子于堂上婦升立於席西南贊者禮婦如父母醮女之儀婦降自西階就兄弟姊妹之前其長屬應受拜者少進立婦乃拜之無贄拜畢長屬退長屬雖多共為一列受拜以從簡易幼屬應相拜者今世俗小郎小姑皆相拜少進相拜畢退無贄若有尊屬則婦往拜於其室有卑屬則來拜於婦室婦退休于其室至食時行盥饋之禮婦家具盛饌壺酒士婚禮婦盥饋特豚合升側載注側載者右胖載之舅俎左胖載之姑俎今恐貧者不辦殺特故但具盛饌而已婦從者設蔬果卓子于堂上舅姑之前設盥盆于阼階東南帨架在東婦盥于阼階下執饌自西階升凡子婦升降皆應自西階惟冢婦受饗畢降自阼階薦于

舅姑侍立于姑之後饌有饍至者侍者傳致於西階下盡一級婦往受之薦于舅姑侍者徹餘饌置於傍側別室舅姑者各置一卓子上食畢婦降拜舅升洗盃斟酒置舅卓子上降俟舅舉酒飲畢又拜遂獻姑姑受而飲之餘如獻舅之儀婦升徹飯侍者徹其餘皆置別室婦就餕姑之饌畢婦從者餕舅之餘婿從者餕婦之餘舅姑共饗婦於堂上設席如朝來禮婦之位婦升立于席西南向贊者取盃斟酒授婦皆如朝來禮婦之儀舅姑先降自西階婦降自阼階此謂冢婦也餘婦則舅姑不降婦降自西階古者庶婦不饋然饋主供養雖庶婦不可闕也若舅姑已沒則古有三廟見之禮今已拜先靈更不行若舅姑止一人則舅坐於東序姑坐於西序席婦於姑坐之北

婿見婦之父母

壻往見婦之父母皆有幣婦父迎送揖讓皆如客

禮拜即跪而扶之入見婦母婦母闔門左扇立于門内

壻拜于門外次見婦黨諸親拜起皆如俗儀而無幣見

諸婦女如見婦母之禮婦家設酒饌壻如常儀親迎之夕不當見婦母及諸親亦不當行私禮設酒饌以婦未見舅姑故也

書儀凡啓狀並用牋紙楷書不得用草行隻字

帖子式

貫某州某縣或云寄居某州某縣某官宅

三代

曾祖

祖　各具仕與未仕

父

一某宅幾宣教（有官具啣）年庚

一母姓氏（封號即具）

一何人宅外甥（須是名家）

右見議親次

某月　日草帖

女家回帖（鄉貫三代與男家同）

一母何姓氏

一本宅某官位第幾小娘年庚

一奩田若干

一房卧若干數

右見議親次（定帖則云今許議某官爲親）

某月　日草帖（定帖則云定帖）

十二行啓式 名曰大狀往還通用

第一幅 請媒求親納幣則用之平交不必也

某啓 時令 恭惟

某官 無官即云某郡如送定 云某郡親家翁某官 台候動止萬福某即日蒙

恩謹奉啓承問 尊官即云謹具啓申候或云申問

起居不宣謹啓

月 日具位姓某 無官即云某郡送定 云忝戚某官後唯此啓

某官 台座

第二幅

某啓不審邇辰

台用何似 無官 倒用未由

忝覲伏乞

悵時倍加

崇重某下情無任祈頌之至

具位姓　某（無官即云某郡送定 即云忝戚某郡姓某）啓

第二幅

請媒　　龜山楊先生作

具位姓　某（如用單幅應啓字並改作狀字右某下 除啓字結尾除不宣字月上添某年）

右某啓言念聲歎沉寂族系卑微知自分於窮閻敢

仰希於

高援某男行當弱冠未有室家伏聞

其官宅小娘令德中純婉容外淑欲求

姻對莫有夤緣敢憑

君子之重言使遂鄙心之至願謹奉狀通

聞伏惟

照察不宣謹啓

月　日具位姓　某　啓

可偏子式　某官用參貼尊之也　後准此

某官　台座　具位姓　某　啓上　謹封

求親　未當無姻家及忝戚　屏山劉先生作

具位姓　某

右某啓言念詩戒及時尤重婚姻之道禮嚴必擇常

高行義之家古訓可稽私懷竊慕某學生某見聞卞

博已及成人共惟

某官小娘淑惠有稱實生慶緒輙藉夤緣之請

伉儷之諧
同氣相求不疑何卜謹奏狀通
聞伏惟
照察不宣謹啓
月　日具位姓　某　啓
荅求親　陳狀元季陸作
具位姓　某
右某啓言念丈夫願爲之有室女子必欲其從人茲
往訓之攸存豈後人之敢忽伏承
其官令似宜教正求佳偶而某女粗習婦儀幸因
執斧之言肯
顧寒門之陋荷

於葑菲，喜有托於絲蘿比歸

伐人已謹

明約謹奉啓陳

謝伏惟

台察不宣謹啓

月　日具位姓　某　啓

送定第一幅第二幅准前　東坡先生作

忝戚具位姓　某

右某啓伏承

親家翁某官小娘子與男某結親者敢議

婚姻蓋恃

鄉閭之末遂忘

閥閱亦緣聲氣〻〻　龜筮既從祖考咸喜恭惟
令愛小娘慶闡擢秀豈獨衛公之五長而男某努
少文庶幾南容之三復恭馳不腆之禮求結無窮
雖慚抃于懷敷宜罔既謹奉啓以
聞伏惟
台察不宣謹啓
月　日忝戚具位姓　某　啓
可漏子式　答書准此
親家翁某官台座　忝戚具位姓　某　啓上　謹封
禮物狀

某物若干（逐一開具）

右謹專人送

上聊充男某（孫云孫某 姪云姪某）聘定之儀伏望

台慈特賜（無官即云尊慈）

容納謹狀

年　月　日忝戚具位姓　某　狀

可漏子式（答書准此）

禮物

忝戚具位姓　某　啓上謹封

答書　第一第二幅用前式　東坡先生作

忝戚具位姓　某

右某啓伏承

親家翁某官以第幾宣教與小女結親者藐爾諸孤
雖本軒裳之後閔然衰緒莫閑纂組之功恭惟
令似宣教儒業飭修鄉評茂著
許崇兄弟之好求諧琴瑟之驩贈望
高門又獲登
龍之峻恪勤中饋庶幾數馬之恭謹奉啓陳
謝狀望
台慈特賜
照察不宣謹啓

月　日忝戚具位姓　某　啓

回答禮物狀

忝戚具位姓　某

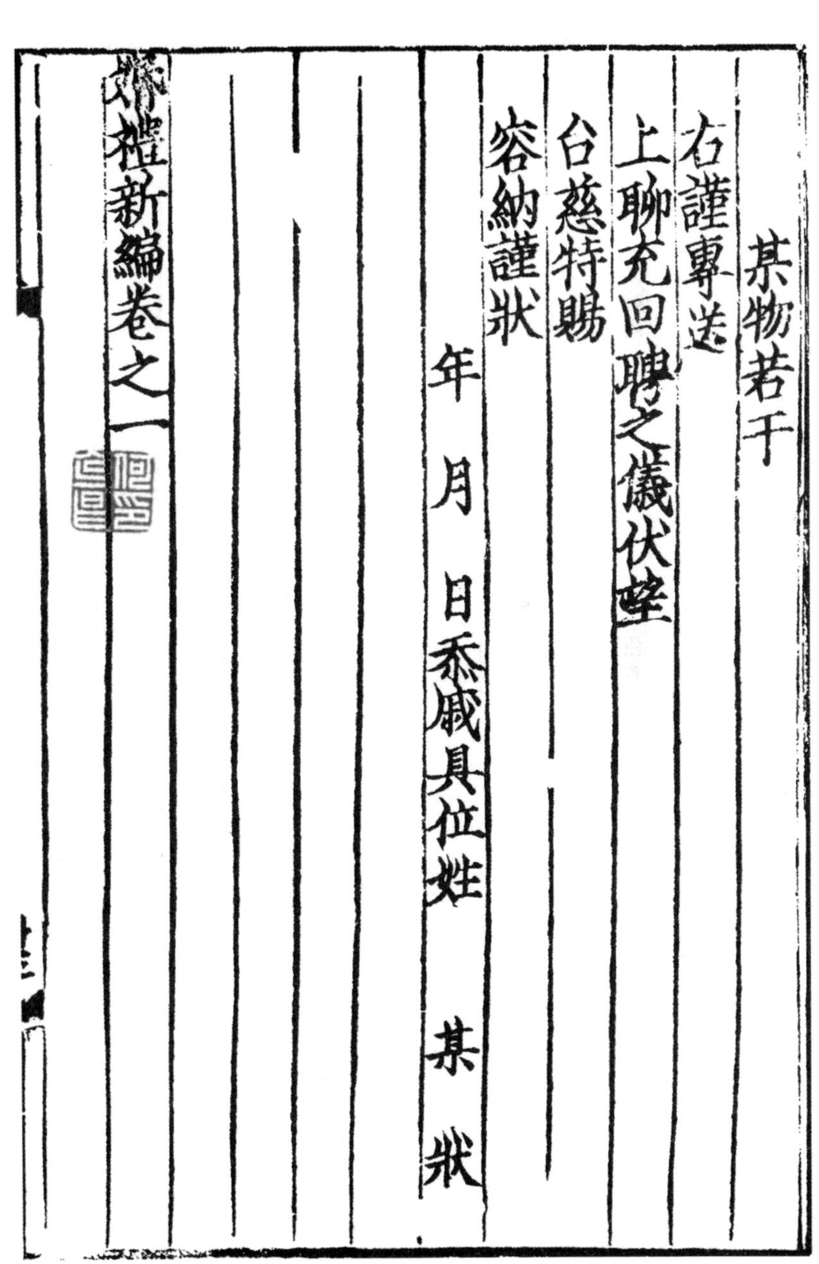

某物若干

右謹專送

上聊充回聘之儀伏望

台慈特賜

容納謹狀

年　月　日忝戚具位姓　某　狀

丁潮州 陳求張昏

猥辱使臨（後漢張純曰無功於時猥蒙爵土語憲問子曰使乎使乎）恭拜漢護軍之牘（前漢陳遵與人尺牘主人藏以爲榮）即祗往役（謝靈運詩祗役出皇邑万章曰庶人召之役則往役）敬通田太守之言（晉太守田豹因令狐策爲子求昏鄉人張公徵女）何幸獨户牖之偉平（前漢户牖富人張負有女孫獨視偉平以妻之）方欲効齊侯之妻忽（詩有女同車鄭太子忽嘗有功於齊齊侯請妻之）信是奚緣連會（文選盧諶答劉琨啓嘗自思惟因緣運會得蒙嫌事）自然啐啄同時（出佛書）幸早繫纓智慧不如秉勢（公孫丑上齊人有言雖有智惠不如乘勢）庶幾居室（史記儒林傳序昏姻者居室之大倫）男女得以及時（詩摽有梅男女得以及時也）

謝媒

張主簿 從道

爲子訪婚（晉訪婚姻族）嘗忝蹇脩之重（前注）得女爲配（詩樂得淑女以

配君子獲逢齊大之高鄭太子忽有功於齊齊侯請妻之忽曰齊大非吾耦也儻非掌判之當仁晉贊孝爲德本王祥所以當仁曷致交乎於二姓無德不報詩抑无言不讎无德不報第慚菲禮之輕微詩瓠葉故思古之人不以微薄廢礼焉礼記不以菲廢礼自周有終書太甲上自周有終相亦惟終尚冀初誠之不替

媒荅

王狀元

二姓交歡文選沈休文曰交二姓之和辯伉合之義實由月老一言道合浪忝冰人捷非喋喋之嗇夫文帝欲拜嗇夫爲上林令張釋之曰周勃張相如稱爲長者此兩人言事曾不能出口豈効此嗇夫喋喋利口捷給哉訥若期期之御史高帝欲廢太子御史周昌庭爭之昌爲人口吃又盛怒曰臣口不能言然臣期期知其不可欲廢太子臣期期不奉詔既獲因親之請語因不失其親亦可宗也幸莫大焉儻歌匪斧之章豈所長也忽奉瓊瑤之雅意重須筐篚之盛儀詩鹿鳴又實幣帛

帛豈能以前其尊意受之汗顏韓非子欲效兼金之遜公孫丑下陳臻問曰前日於齊王餽兼金一百而不受於宋餽七十鎰而受於薛餽五十鎰而受郤之非禮孟子曰之則不恭姑將十襲之藏闕子曰宋之愚人得燕石于梧臺之側藏之以爲大寶華櫝十重緹巾十襲

王狀元

掌判合好素無媒氏之才前注爲陽語陰妄意令狐之夢詳見媒氏門事實由於分定告子下分定故也私竊愧於言輕幸嘉耦之相宜致微辞而易達卜云其吉定之方中卜云其吉終焉允臧謀則允臧顧惟駑大之勞柳子厚代裴行立謝移鎮表展駑駘之効申鷹犬之用瀆吻驅策豈謂瓊瑶之報木瓜投我以木桃報之以瓊瑶重辱龍頒戴德不忘拜嘉敢後左襄四年敢不拜嘉

求親

黃山谷

管窺一斑（晉王獻之觀人弈棊曰南風不競人曰此郎所謂管中窺豹時見一斑）早欽宗

薰之美（選鮑明遠擬古詩宗薰生光華）河潤九里（莊子列禦寇河潤九里澤及三族）[illegible]

顧婚姻之求顧惟單平（後漢陳寔出於單微）實愧攀附（楊子攀龍鱗附鳳翼）

某男早聞詩禮（語陳亢曰問一得三聞詩聞禮）逮及有家（[illegible]桓十八年女有室男有

家無相瀆也）言采蘋蘩（詩于以采蘋南澗之濱于以采蘩于沼于沚）尚虛中饋（家人

六二無攸遂在中饋吉）伏承令愛小娘全德成於保傅（宋伯姬曰婦人之義

保傅不俱夜不下堂）善声發於幽閑（選顏延年詩婉彼幽閑女作配君子室）屬將有

行（詩女子有行遠父母兄弟）敢議合好（記昏礼者將合二姓之好）雖泉水入於

淇（詩毖彼泉水亦流于淇）不耻下流（語君子惡居下流）而蔦蘿施于條枚

（詩蔦與女蘿施于條枚）終慚非對（王彼南自求郝普女謹昔門孤陋甚非其偶詰對）媒[illegible]

氏恭聽嘉音

又

唐杜望族左襄二十四年范宣子曰匄之祖自虞以上為陶唐氏在夏為御龍氏在商為豕韋氏在周為唐杜氏晉主夏盟為范氏生唐杜一国名江湖世家史記范蠡既雪會稽之耻乃乘舟游於江湖往昔接諸父之遊老杜壯遊詩往昔十四五出遊翰墨場詩諸父兄弟雍容非一日之雅容永謝王凰白斗背之才无一日之雅惟風期之不淺李白梁甫吟八十西來釣渭濱風期暗与文王親穀梁僖元年江熙曰風味之所期古猶今也是婚對之敢求某小娘躲二南之風詩周南召南正始之道敎四德之教周禮九嬪掌婦學之法以教九御婦德婦言婦容婦功猶子屬當世子之重記曰国君之子曰世子尚匱宗婦之宮左莊公二十四年公使宗婦覿用幣輒因行媒用薦嘉禮青蠅附於驥尾非吾偶之可譏女蘿施于長松詩鴂弁蔦与女蘿施于松栢亢襄宗之為幸左子太叔曰吾不能亢身安能亢宗期於得請冐貢至情

又

敬仰風流晉王獻之風流爲一時之冠惟是婚姻之故詩我行其野婚姻之故言就爾居講脩世睦禮運講信脩睦敢伸燕婉之求詩新臺小子材不不及中稃廣曰諸校尉材懺及中取侯者數十學未聞道孟子雖然未聞道也猥叨命士方且異宮內則由命士以上父子皆異宮惟節春秋左傳十二年若節春秋來承王命注時也莫助蘋藻小娘教有端緒德成幽閑妄聽行媒之傳肯顧鄙宗之陋詩莫我肯顧謹差穀旦東門之枌穀旦于差注差擇也穀善也恭候玉音選王褒曰曩從未路望聽王音

孫尚書仲益

了無半面後漢應奉詣彭城相袁賀賀時出行閉門造車匠於內開扇出半面視奉奉即委去後數十年於路見車匠識而呼之未諧窺管之私梁孝王世家褚先生曰少見之人如從管中窺天屬有片言文選盧諶答劉琨詩由餘片言秦人是賴遂契投膠之合選古詩以

修撰僚中離能別離川竊徼一時之幸伍被傳不可以徼幸邪注徼要也幸非望之福永諧二姓之歡小娘姚嬿有容晉武悼皇后姚嬿有婦德德門之冑韓愈路堣秀才亭世稱德門人不得並某姝幼孤自立衰緒之餘方申下女之求咸卦男下女是以身利貞取女吉也適際有家之願自慚非偶遽參謝庭玉樹之傍謝安嘗戒約諸子姪曰子弟亦何預事止欲使其佳謝玄曰譬如芝蘭玉樹使其生於庭階耳尤幸同聲易乾卦同聲相應同氣相求庶聞嬴氏鳳簫之應蕭史鳳臺詳見神仙門

又代求楊氏

一壥同井滕文公鄉田同井曰願受一壥而爲氓竊依桑梓之陰詩小弁維桑與梓必恭敬止百尺千霄文選孔德璋詩干青霄而直上迥結絲羅之托某人汾陽鼻祖揚雄反離騷曰有周氏之蟬嫣兮或鼻祖於汾隅虢略名家虢略縣屬洪農郡世緒相承風流如在如某者窮鄉冷族陋巷諸生南史宋弁

雖出自諸生甚闒茸国故實敢懷河鯉之求詩衡門豈其食魚必河之鯉式佇淵嶺之采望塵瞠若晉潘岳謟事賈謐每候其出望塵而拜莊子顏回問仲尼曰奔逸絕塵而回瞠若乎後者雖同楚越千里之遙王介甫女詩相看楚越常千里不及朱陳似一家傾蓋歡然家語孔子之知遭程子於塗傾蓋而語文曰甚相歡遂結朱陳兩家之好

又

寒暄未接王獻之兄操之徽之俱詣謝安二兄多言俗事獻之寒温而已輒妄意以求通李元礼有盛名詣門者皆雋才清声及中表親戚乃通声氣所同又何慚於非偶令女巨室慶裔孟子得罪於巨室注大家也選擇云初某男愧於諸生攀援豈敢惟是婚姻之故殆不偶然庶幾伉儷之諧求為好也木瓜匪報也求以為好也

程子山

平素潘安仁寡婦賦耳傾想於疇昔兮目髣髴乎平素敢跂高輩南史出之高輩
者以五刔爲首蓋由聲氣之同遂置等威之阻左宣十二年貴有常尊賤有等
威汏威儀等著也人各有偶左桓六年齊侯欲以文姜妻大子忽忽辭人問其故曰人各有偶
齊大非吾偶也要惟少君之是求後漢鮑宣妻桓氏女字少君宣少就少君父李父奇其清
古以廿妻之也智不足稱左傳陽虎父不沒其身其智不足稱也已愧不疑之先
見漢大將軍霍光以女妻雋不疑不疑畏懼讓權貴固辭不肯當何期厚幸韓文今者誠自幸所
懷無一欠式契初心韓文邂逅得初心令女早競秀於閨房晉書濟尼曰顧
家婦清心之映自是閨房之秀夙高四德其男久婆娑於名宦班固敘傳婆娑
乎術藝之場粗守一經前漢韋賢傳遺子黃金滿籯不如一經既獲訂於盟言
實求隆於嘉好

又

脩好以崇宗緒晉謝尚曰昏姻將以繼百世崇宗緒豈惟伉合之求沈休文謂

文云辯佐合之義行成左哀八年吳人行成注求成也而固道言猶深理弱之擢華騷理弱而辭拙芳恐道言而不固令女秀傾華冑北史何昌寓曰遙遙華冑高鳳

寧滅於大家後漢班超之妹博學高才和帝令皇后諸妃師事之號曰大家某男名玷詞場李白書掃塵詞場振發文號薄伎偶先於餘子杜詩文章一小伎後漢張衡曰

餘子碌碌不足數何道徽乃知於逸少晉郗鑒字道徽王羲之字逸少詳見擇婿門

而茂弘不得於士瑤晉王導字茂弘阮玩字士瑤詳見辭婿嫁門肆擇勝流北史許李良不爲勝流所重莫如佳對晉元帝謂劉隗曰鄧氏妹卿可爲求佳對敢徵

方來之福輒輸不腆之儀郊特牲幣必誠辭無不腆往訂堅盟佇聞

嘉命選揚德祖箋損辱嘉命蔚矣其文

張參政全眞

竊聽月評許劭好論人物每月輒更其品題故汝南俗有月旦評焉稔聞風範陸士衡頌[illegible]執德音爲世作範辱在里仁之契語里仁爲美宜先佳耦之求左僖二年

七二

[illegible]耕[illegible]女[illegible]男承少習義方（左隱三年石碏曰愛子教之以義方）粗供子職（方章[illegible]）力耕治共爲子職而已矣令女幼閑内則（礼記）克著婦儀敢因媒妁之言欲締姻親之好（左宣十二年曰奔賊姻親）仰遵慈訓欽佇好音（詩泮水懷我好音）

彭公變再醮

婚以禮成（後漢秦嘉詩六禮成婚）男必先於下女物無苟合（繫辭物不可苟合）制尤謹於問名某男伉儷未諧詩禮方勤於積習令愛容功素著琴瑟遷解以更張（董仲舒策琴瑟不調甚必解而更張之）以似若或使然歟（樂記人心之動物使之然也）故得有以請也（左襄三年敢以爲請）輒因良伐冀諧二姓之歡佇俟嘉音重賜千金之諾（唐李大亮傳一言之重諾千金）

答未允

晁侍郎

近枉行媒，特聞嘉命。高門絶企，實懷賈詡之私（魏賈詡男女嫁娶不結高門）；見子良勤，願附王謙之義（魏王謙爲大將軍何進長史，進以名公之胄，欲與爲昏，見其二子，使擇焉，謙弗許）。仰慚眷厚，願布悃誠。伏承其人早聞俊良（韓進李解登崇俊良），自立孝弟（冠義孝弟忠順之行立而后可以爲人）。行無綺紈餘子之習（班固叙傳班伯與王許子弟爲羣在綺襦紈綺之間非其好也），有詩書士之風（陶淵明詩詩書敦夙好）。某女方妙年齡，未閑警戒（雞鳴故陳賢妃貞女夙夜警戒相成之道）。采蘋南澗，雖法度之可追（采蘋大夫妻能循法度也于以采蘋南澗之濱）；如舜同車，顔德音之未著（有女同車顔如舜華彼美孟姜德音不忘）。求言感佩，難遽遵承。

危縣丞（少劉吝劉德妻）

樵水故鄉（祖君卿武有樵溪），蹤跡久慙於萍梗（韓萍蓬風波急）。金刀大姓王莽傳劉之爲字卯金刀也聲名夙著於門牆前漢雋不疑聲名重於朝廷揚子倚門牆則篾之緣執斧以伐柯喜射屏而中目其女已笄而字曲礼女子許嫁笄而字敢謂衛公之五長衛公女有五可詳見擇婦門令嗣既嫡且賢晉楊后傳立嫡以長不以賢庶幾南容之三復先進南容三復白圭孔子以其兄之子妻之未遑灼龜之訊周礼卜師揚火以作龜注謂灼龜也詩七月訊之占夢注訊問也遽承繫臂之儀孫黑之強委禽左昭元年公孫黑又使強委禽焉姑受之可也懿氏之卜鳴鳳吾將其圖之左莊二十二年懿氏卜妻敬仲占之曰吉是謂鳳凰于飛和鳴鏘鏘危承後悔昏事劉公索此昏書有司見強委禽之語遂罷親可笑

許親

張從道代夔州郭彥明答王唐卿

載纘前規應有一映之覔北史郭瑀覔女婿見師友門映仰瞻名閥無如諸少之佳王氏諸少並佳見擇婿門矧振家聲晉傳長虞天下不墜家聲復收

科第（唐崔融擢八科皆高第）屬行人之通問（周禮大行人間問以諭諸侯之志）知君子之好逑（詩關雎窈窕淑女君子好逑）事豈偶然幸連輝於桑梓卜云其吉宜永締於絲蘿

孫尚書

眇然陋族（晉志訪書陋族）介乃一隅（張衡西京賦末一隅能覩）本風馬之殊疆（左僖四年楚子曰君處北海寡人處南海唯是風馬牛之不相及也）厚葭莩之新締（鮑宣曰董賢本無葭莩之親）雖慚非偶良幸焉依（左隱六年周之東遷晉鄭焉依）講好云初向風以喜（韓文答馮宿書委曲從順向風承意）

晁侍郎

比念鄙宗難攀高援輒布敢辭之義重煩同好之言詠魴鯉之魚雖有慚於齊宋（衡門豈其食魚必何之魴豈其娶妻必宋之姜豈其食鯉必何之鯉豈其取妻必宋之子）忝冠冕之冑誠切慕於崔盧（氏族志太宗曰我与

崔盧李鄭无嫌頤其出衰不復冠冕矧繾綣之已勤潘安仁贈陸機詩昔余與子繾綣來朝
欲逡巡而安可前漢趙后傳耿育疏曰太伯知適逡巡固讓顧言託附實有
光榮
馬子仁代吳回康
訊有媯之吉卜莊公二十二年懿氏卜妻敬仲云云有媯之後將育于姜注有媯陳姓蓋
累世于茲展延陵之懿親吳季札封於延陵故號延陵季子復自今以
始詩自今以始歲其有既申新好陶淵明停雲詩競用新好以招余情益重前盟其
人族系華腴柳芳氏族論三世有令僕曰華腴早聞俊譽淮南子泰族訓智過万人
謂之英千人謂之俊韓文送陳宮亭聞進士之交書其女德容婉孌詩甫田婉兮孌兮總角丱
兮殊之令儀湛露令儀令德雖各主斷於閨門隋宣華陳夫人專房擅寵主斷
內事而全藉周旋於柯斧得吾公瑾橋公亦足為榮見[illegible]襟門
有是伯鸞德曜固宜見取見女自擇門

婚禮新編卷之二

婚禮新編卷之三

武夷丁　昇之　集

定婚

王狀元集名諸

宋之子齊之姜衡門天立厥配皇矣天立厥配受命既固洽之陽渭之涘大明文王初載天作之合在洽之陽在渭之涘文定厥祥大明文定厥祥親迎于渭男女必欲及時前注夫婦莫先正始關雎后妃之德也風之始也所以風天下而正夫婦也其男菁莪微物菁菁者莪樂育才也棫樸小才棫樸文王能官人也既非髦士之攸宜棫樸奉璋峨峨髦士攸宜濫處成人之有德思齊肆成人有德小子有造娶妻必告父母南山娶妻如之何必告父母曰予未有室家雨無正謂爾遷于王都曰予未有室家寤寐求之關雎窈窕淑女寤寐求之方念伐柯之匪斧伐柯卜筮偕止杕杜卜筮偕止會言近止誰知有女如雲出其東門有女如雲

小娘柔嘉維則（烝民仲山甫之德柔嘉維則）洵美且都（有女同車彼美孟姜洵美
（且都）舒窈窕兮（月出皎兮佼人僚兮舒窈糾兮）咸謂彼姝者子（東方之日彼姝者子
（在我室兮）懷婚姻也（蝃蝀乃如之人也懷昏姻也）宜為君子好逑（關雎窈窕淑女
（君子好逑）豈期釣下於絲緡（何彼襛矣其釣維何維絲維緡）遽獲采聞於葑
菲（谷風采葑采菲无以下體）天作之合（前注）適我願兮（野有蔓草邂逅相遇適我願兮）
親結其縭（東山親結其縭九十其儀）維其時矣（魚麗物其有矣維其時矣）未諧琴
瑟在御（女曰雞鳴琴瑟在御莫不靜好）已協鳳凰于飛（卷阿鳳凰于飛翽翽其羽）終
然允臧（定之方中卜云其吉終然允臧）云胡不喜（風雨既見君子云胡不喜）宜其家
宜其室之子于歸（桃夭之子于歸宜其家室）投以李投以桃永以為
好（木瓜投我以木桃報之以瓊瑤匪報也永以為好也投我以木李）

又

楚處南齊處北（左傳僖四年齊侯蔡遂伐楚楚子使与言曰君處北海寡人處南海唯是風馬牛）

之不相及也不虞君之涉吾地也桑梓不同國大富向大貧列子天瑞齊之國氏大富宋之向氏大貧門闌亦異老杜李監宅詩門闌多喜色偶緣臭味之合左襄二十二年譬諸草木吾臭味也輒與姻婭之求節南山瑣瑣姻婭韓文復齋有感名声荷朋友援引乏姻媾揣分非宜捫心知愧其男天資推魯周勃傳其推少文如此注朴鈍如推也學性倥侗揚子法言倥侗顓蒙素非價玉之藏語子罕子貢曰有美玉於斯韞櫝而藏諸濫服籯金之訓前漢韋玄成曰遺子黃金滿籯不如一經犬馬之齒已及冠息夫躬曰公孫祿欲以其犬馬齒保目所見鳳凰之占猶未諧爰命伐柯之言用求中饋之助小娘阮妻德著世說許允妻阮共女奇醜允因謂曰婦有四德卿有其幾謝氏才高晉王凝之妻謝弈女也聰識有才詳見賢女門孟光擇婿於伯鸞固其宜也鄭忽輒攀於齊女前注不亦過乎雖自畜緣實深感槩爝火敢親於夜月莊子逍遙遊日月出矣而爝火不息其於光也不亦難乎蹄涔切近於秋濤廣韻注蹄涔不容尺鯉非

假盟鍼曷申罪惱

孫尚書

聲三請之勤法華世尊告舍利弗汝已慇懃三請豈得不說礼司儀曰及出車三請三進再拜方慚率爾先進子路率爾而對郭一日之雅前注何貺如之襄十年向戌曰若猶辱鎮撫宋國而以偪陽光啓宋國宋君羣臣安矣其何貺如之令孫女方當擇對之年前注小姪其適契有家之願前注命龜獻卜國語楚語曰實龜足以憲藏否執鴈告虔昏義壻執鴈入左莊公二十四年以告虔也薦食芹之甘韓文公歸彭城詩食芹雖云美獻御固已齋靡虞於按劍鄒陽書夜光之璧以暗投人於道衆莫不按劍相盻者投斷金之利易係辭二人同心其利斷金式佇於報瓊

劉夷叔 定韓氏

一行作吏嵇康与山濤書一行作吏此事便廢曾不我知語憲問莫我知也數面成親陶淵明荅龐參軍詩序俗諺云數面成親舊莫如公樂韓奕詩爲韓姞相攸莫如公樂

竊觀臨事之無愧韓文公答竇存亮書臨事愧恥而不敢答也謂可久要而不忘憲問久要不忘平生之言乃緣志同論語注同志曰友遂以婚請李晟爲子請昏於張延賞其男方脩子職庶幾兆鄭國筱童之譏筱童刺忽也令愛久服婦功昏義教以婦德婦言婦容婦功固已知周南師氏之教周南召南正始之道葛覃言告師氏儻矜一日之雅許合二姓之歡豈惟人謀繫辭人謀鬼謀百姓與能抑亦天幸史記衛侯傳此非兵之精也天幸爲多矣

程子山

肇繫芳纓曲禮女子許嫁纓蓋自三生之妙契白樂天詩世說三生如不謬共疑巢許是前身爰差嘉耦左威二年嘉耦曰妃允惟一代之脩容宋五行志吳婦人之脩容者急束其髮而劘角過于耳固陋袁馬苟然後漢袁隗娶馬融之女少有才辨初成禮隗問曰弟先兄舉世以爲笑今處姊未適先行可乎答曰妾姊高行殊邈未遭良匹不似鄙薄苟然而已豈潘揚之有異沈休文彈王蒲云潘揚之睦有異於此何必秦晉匹也左僖

二十三年晉公重耳至秦秦伯納五人懷嬴與焉奉匜沃盥既而揮之怒曰秦晉匹也何以卑我寧曹

鄶而無譏左襄二十九年季札觀樂至歌陳曰國無主其能久乎自鄶以下无譏焉注詩鄶第十三曹第十四言季子聞此二國歌不復譏論以其微也誠竊跂大家之賢風非有求

少君之資送後漢鮑宣妻桓氏字少君裝送資賄甚盛宣不悅妻乃悉歸侍御服飾更著布裳

行即結縭之慶敢輸納幣之儀禮記雜記納幣一束束五兩兩五尋不腆

爲慚記郊特牲曰幣必誠辭無不腆矜留是幸

吕郎中 伯恭

決疑以卜左成公十一年鬬廉曰卜以決疑況曾占乃夢之祥詩斯干乃占我夢維熊維羆男子之祥惟斷乃成韓文公平淮頌曰凡此蔡功惟斷乃成又奚恤他

人之議裴度贊憲宗討蔡排羣議任度遂平淮西俯愧韓攸之川澤韓奕爲韓姞相攸莫如韓樂孔樂韓土川澤訏訏仰攀齊國之門墻重蒙黃金百斤之

言前漢曹丘揖季布曰楚諺曰得黃金百不如得季布諾足下何以得此聲梁楚之間哉輒貢謹狀

魚尺素之請李季蘭贈友人詩尺素如殘雪結爲雙鯉魚欲知心裏事看取腹中書投瓜

期衛報木瓜美齊桓公也衛國有狄人之敗出處于漕齊桓公救而封之遺之車馬器服焉衛人思之欲厚報之既勤篚幣之將鹿鳴又實幣帛筐篚以將其厚意以璧假許田莫

負盟書之約左氏桓元年春公即位修好于鄭鄭人請復祀周公卒易祊田公許之三月鄭伯以璧假許田爲周公祊故也夏四月丁未公及鄭伯盟于越結祊成也盟曰渝盟無享國公羊曰假之何易之也許田者何謂朝宿之邑近許也

歐陽知縣 代虞取吳

奕世簪纓之家後漢孔融對李元礼曰僕与君奕世通家也李白遊莫姻親聯帝戚不如當日自簪纓通國衣冠之望孟告子上弈秋通国之善弈者也後漢尹勳家世衣冠不以地勢尚

觀樂於魯左襄二十九年吳季札觀樂於魯宛其風流王儉曰江左風流宰相推有王謝

作嬪于虞堯典釐降二女于媯汭嬪于虞有此賢淑詩窈窕淑女貌是

孤姪左僖九年獻公曰以是藐諸孤辱聯懿親僖二十四年曰兄弟雖有小忿不廢懿親初

無坦腹之奇乃辱齊眉之助女有齊而采蘋藻預知奉
祀之恭采蘋大夫妻能循法度也則可以承先祖奉祭祀矣于以采蘋于以采藻誰其尸之有齊季女子于歸宜室家行著及時之詠詩桃夭男女以正婚姻以時之子于歸宜其室家

又代曾提舉宅娶章提舉

觀風嶺嶠夙欽望族之華持節閩川久歎門庭之冷偶議姻於名閥豈徼福於前人左昭二十四年寡君欲徼福於周公願乞靈於臧氏令愛素聞令儀湛露豈弟君子莫不令儀蔚有淑德世說郗普之女令姿淑德高朗英邁其男性難語上雍也中人以上可以語上也學未知方語先進由也為之比及三年可使有勇且知方也適當授室之期西京雜記梁孝王子賈從朝帝曰兒堪室矣乃辱宜家之助念吾黨小子正惟狂簡不知所裁子在陳曰歸歟歸歟吾黨之小子狂簡不知所以裁之如貞女賢妃必有警戒相成之

道雞鳴哀公荒淫怠慢故陳賢妃貞女夙夜警戒相成之道焉

江文卿代王次仲娶建安葉尉女

異縣他鄉文選古樂府他鄉各異縣展轉不相見於君侯無一日之雅前漢
李廣利曰願君侯早請昌邑王爲太子谷永書謝上鳳曰斗筲之才質薄學朽無一日之雅將軍權之皂衣之
吏共牢合巹婚義共牢而食合巹而飲所以合體同尊卑以親之也顧兒女合二
姓之歡上瀆冰清婿翁冰清輒馳鯉素古樂府有客南方來遺我雙鯉魚呼童烹
鯉魚中有尺素書其男螢窗雪案孫康映雪車胤聚螢粗閑讀聖人之書
韓文公上宰相書曰雞鳴而起孜孜焉亦不爲利其所讀皆聖人之書今參澗藻河蘋于以
采蘋南澗之濱于以采藻于彼行潦固已服公宮之訓婚義婦人先嫁三月教于公宮偶
知非鄭取敢必齊適占飛鳳之和妄意乘龍之喜老杜李監
宋詩門闌多喜色女婿近乘龍得金不如諾既逢梅仙之賢前漢梅福補南昌尉
一朝弃妻子去九江至今傳以爲仙伐柯如之何抑荷文君之族文君蜀郡卓王

孫女謂茂者數卓也

又代江守孫娶滿城王氏

世業相傳，曾荷銅符之寄漢文帝紀初与郡守爲銅虎符；家聲不墜晉傅長虞風格凝峻不墜家声，稔聞石塔之詩唐王播題楊州石塔寺上堂記了各西東㡀愧闍黎飯後鐘。偶因膝上之癡王坦之爲桓温長史温爲子求昏於坦坦之之許咨父述父既還述愛念坦之雖長大猶置膝上坦之因言温意述大怒排坦之下膝曰汝竟癡耶詎可以女妻兵也，敢議閨中之秀晉書濟尼曰顧家婦清心玉映自是閨房之秀。惟茲媒介索紞曰以陽語陰媒介事也，皆我宗盟左傳周之宗盟異姓爲後。遂令一薰一蕕左傳僖四年一薰一蕕十年尚猶有臭，可以載言載笑氓詩既見復關載笑載言。大寶爲此廿門天大寶爲之謂之何哉，子欲何言子曰予欲無言天何言哉。必河之鯉，必河之魴，自嘆吾兒之豚犬曹操曰生子當如孫仲謀劉景升吾兒豚犬耳；正位乎内，正位乎外家人女正位乎内男正位乎外，尚脩先祖之蘋蘩采蘋大夫妻能循法度則可以承先祖共

彭應期代林丞取江氏

鄰邑聞家莊子胠篋齊國鄰邑相望久竊詹風之慕韓愈賀趙宗儒啓詹望清風若在天外華門微官左襄十年若華門閨竇其能來東底乎奚堪擇對之求孟光擇對不嫁屬行媒之踵門莊子達生有孫休者踵門而詫誘寒宗而結好魏辭懷吉姻誘勝已共爲婚姻眷予冢息左閔二年太子奉冢祀社稷之粢盛故曰冢子未有特名方令捧檄於江湖後漢毛義捧檄而入喜動顏色聊辦食貧之藿菽詩三歲食貧棗脩闕贄左莊二十四年女贄不過榛栗棗脩以告虔也佽助無人不圖徼福於先君許畀有齊之季女令娘婦容肅整姆訓方嚴玉樹當皆外氏之風流未泯雪花比絮內庭之才藻知傳此女母乃謝氏故用王樹雪花事正惟君子之好逑胡取鄙人而伉儷敢具委禽之禮庶諧鳴鳳之占隱芙蓉縟開孔

雀屏側想門闌之盛老杜李監宅詩屏開金孔雀縟隱繡芙蓉云云門闌多喜色女壻近乘龍贈錦繡段報青玉案佇瞻聘使之華文選張平子四愁美人贈我錦繡段何以報之青玉案

又

宦達久虛杜詩時來知宦達愧門宗之衰冷世說顧和曰不意衰宗復生此寶風期不淺晉習鑿齒傳風期俊邁許姻婭以參聯豈伊臭味之同實自單平之幸眷予愛弟告子上吾弟則愛之秦人之弟則不愛也頤乃中材司馬遷書中才之人事有關於宦豎莫不傷氣骨骼已成符讀書城南云三十骨骼成每游心於百氏後漢王充傳通衆流百家之言田園可了淵明歸去來兮田園將蕪免糊口於四方左隱公十一年許公曰寡人有弟不能和協而使餬其口於四方屬茲行媒議攀高援辱惠千金之諾敢修五兩之綸楊子半通之銅五兩之綸自儷之外加以束脩說苑大夫庶人以儷二兩加束脩以旣盟之後言

歸于好左傳元年齊侯盟于葵丘曰凡我同盟之人既盟之後言歸于好千里共此明月選謝希逸月賦隔千里兮共明月已諧鳴鳳之占雙魚中有素書選古樂府有客從南來遺我雙鯉魚呼童烹鯉魚中有尺素書姑備委禽之禮

又

地之相去孟子離婁下地之相去千有餘里雖殊齊楚之邦左傳四年楚子使与齊侯曰君處北海寡人處南海唯是風馬牛不相及也天或使然左傳天或者其或者爰締朱陳之好白氏詩有村曰朱陳世世為婚姻莫匪鴦緣之自尤欣臭味之同令女四德兼全方迨承笄之齒某男五年以長曲礼五年以長則肩隨之庶幾堪室之兒西京雜記帝曰兒堪室矣幸緣柯斧之言獲繫絲蘿之援禮愧無於雙璧北平徐氏有女楊雍伯求焉戲媒人曰得白璧一雙當與為婚諾過重於百金曩嘗綴於知名茲用陳於納采鏘鏘其吉預期五世之昌灼灼于歸永諧二姓之好

葉仲洽

自飲瓊漿搗就玄霜之劑裴航遇樊夫人曰與郎君有小因緣他日必爲姻懿詩曰一飲瓊漿百感生玄霜搗盡見雲英詩見神仙門有來玉斧脩成寶月之團雜詩曰有來雖雖酉陽雜俎云太和中有二人遊嵩山迷路覓叢中鼾睡声見一布衣枕一襆襆物二人問之荅曰君知月七寶合成乎月勢如丸其影日爍其凹處也常有八萬二千戶脩之予即一數因開襆有斧鑿數事玉屑飯兩裹分食二人曰此雖不足長生可一生無疾言已不見故王荊公扇詩云玉斧脩成寶月團雖生長之殊方老杜寄韋氏妹郎伯殊方鎮喜因緣之幸會令女神清散朗濟尼曰王夫人神清散朗有林下之風容德幽閑方擇對之甚只人惟求賢而是與山簡曰戴叔鸞嫁女唯賢是与不問貴賤眷予長息正尒倦遊司馬相如傳長卿故倦遊偶逃碧鸛之呼唐韋誗有女妻裴寬人呼爲碧鸛雀竟許采鸞之跨文簫抵山西晴一姝歌曰若能相伴陟仙壇應得文簫駕采鸞自有綉襦并甲帳瓊臺不怕雪霜寒載陳贄幣往締姻盟舉按齊眉願無違夫子之志孟光事梁

鴻每進食不敢仰視擧按齊眉求田問舍許汜謂劉備曰昔過下邳見陳元龍元龍無客主禮久不相與語自上大牀臥使客臥下床備曰君求田問舍言無可采是元龍所諱也其敢忘丈人之真老杜贈韋左丞詩甚愧丈人厚甚知丈人真追其吉兮標有梅求我庶士迨其吉兮求爲好也

又

人各有偶敢望韋平之門平當傳云漢興唯韋平父子至宰相注韋賢也義不相忘許申秦晉之好秦晉匹也左傳遂令吟族獲固姻盟在標梅尤貴於及時標有梅男女及時也故行李敢辭於請命左僖公三十年行李之往來共其乏困一女不嫁凡子已無嗤袖之嫌唐處士侯高曰一女憐之必嫁官人不與凡子王適謂媒曰吾明經及第卽官人因以文書一卷粗若告身袖見侯翁翁望見文書曰足矣以女妻之累世求爲通家豈止快登龍之願李膺獨持風裁以聲名自高不妄接士非當世名人及通家者皆不得白士有被其容接者名爲登龍門

魏良齋元履

扮榆相接前漢郊祀志扮榆社初無一舍之遥左傳注一舍三十里龜筮協從書大禹謨龜筮協從卜不習吉偶結二家之好左文十二年結二國之好今愛素閑姆訓某男粗讀父書趙王以趙括爲將其母曰括徒能讀父書不知合變也幸因媒妁之言獲遂姻親之托左傳弃我姻親嘉偶曰配已諧鳴鳳之占其幣雖何聊贄委禽之奉書召誥惟恭奉幣

又

謀以筮龜洪範謀及卜筮則龜從筮從敢自紐於閭閻之陋前漢循吏傳孝宣由仄陋而登至尊興于閭閻卜之臭味左襄二十二年譬諸草木吾臭味也蓋相求於道義之中荀子脩身道義重則輕王公矣實惟聲氣之同儕有姻覿之議令女婦能綽著姆訓夙閑男某方兹伉儷之求得諧閨門之助雖人各有偶固不可以苟成然惠播夫形又

似成於素定庸將紙帛以展微誠

陳僉判 李陸代劉娶王

天台逸跡曾逢澗上之胡麻（劉晨阮肇入天台山採藥迷失道路粮盡下澗飲水見一杯流出中有胡麻飯屑）緱縣遺蹤來化人間之白鶴（劉向列仙傳王子喬告家人七夕待我於緱山頭果乘白鶴而至）緊仙籍俱織於姓氏而夫緣當契於姻婕令愛有林下風正標華於桃李（何彼穠矣華如桃李）男其非棊中鸞（袁崧欲以女妻謝混王詢曰卿莫近禁臠詳見擇婿門）匪相采於蘋蘩諾既許於季金重遂成於周鼎（平原君曰毛先生一至楚而使趙重於九鼎大呂）吉欲符於七寶（摽有梅其實七兮求我庶士迨其吉兮）候爰正於三星（綢繆束薪三星在天）綠幕縧縧已締大來之慶嘉禾雙石（酉陽雜俎納采九物義皆可見嘉禾分福也雙石兩固也）謹輸不腆之誠

又

門牆相望（語子張夫子之牆數仞不得其門而入）信一葦之可杭（誰謂漢廣一葦杭之）婚姻以時（桃夭男女以止婚姻以時）以適三星之在户（前注）既遂牽絲之幸（唐張嘉貞五女各持一絲於幔後使郭元振牽之元振牽一紅絲線第三女大有姿色）乃叨倚玉之榮（世説蒹葭倚玉樹）其男甫迨冠年（曲禮二十曰弱冠）早勤典册（西京雜記匡鄒之下朝廷之中高文典册用相如）令女方踰笄歲（内則女子十有五而笄）謹佩箴規屬冰語之纔通果月書之默契宜其家宜其室克諧占鳳之祥投以李投以桃庸效委禽之禮

又　陳造　蔡

交遊有日（山谷詩交遊二十年義等骨肉）挹玉昆金友之聲猷（梁王銓錫學業不及第錫而孝行齊焉時人以謂銓錫二王玉昆金友）夤緣自天締雪栢蚤蘿之偶對（詩鳩弁蔦與女蘿施于松栢）頍茲攀附（文選皆可攀附）實愧單平惟嫁娶豈在於多資（韓文公寄崔立之詩曰老婦[illegible]嫁女[illegible]不[illegible]附資）而男女[illegible]

先於擇德文中子男女之族各擇德焉歷三年而議始定佩一言而久不渝幸分棣蕚之輝棠棣之華鄂不韡韡凡今之人莫如兄弟益佩葭莩之托鮑宣曰董賢本無葭莩之親注葭蘆也莩若其筩中白皮至薄者也輕薄而附著也何以畀我匹爰重於晉秦前注莫之與京占預諧於陳蔡莊二十二年懿氏卜妻敬仲云云八世之後莫之與京陳厲公蔡出也注姊妹之子曰出

陳伯温

蓬蓽偎居儒行蓽門圭窬蓬户甕牖切愧原貧之甚莊子讓王篇原憲居魯環堵之室蓬户甕牖上漏下濕匡坐而弦子貢見之曰先生何病憲曰無財謂之貧學而不能行謂之病今憲貧也非病也芷之蘭俱化家語六本與善人居如入芷蘭之室久而不聞其香即與之化矣遽忘齊偶之非儻匪夤緣固難苟合魏文帝書或因緣好在於苟合其男曩挾書於鶚表孔融薦禰衡疏曰鷙鳥累百不如一鶚繼點額於龍門三秦記龍門魚登者化龍不登者點額惟壯志之未衰馬援曰大丈夫為志老當益壯然青春之

漸遠（杜寄章侍御：金章紫綬，聪青春）所可同菽水之奉（檀弓下：啜菽飲水，尽其驩，斯謂之孝）必有賴琴瑟之和（詩：妻子好合，如鼓瑟琴）素聞玉女之賢（詩：有女如玉）未諧伉儷屬辱氷人之請許締婣媾合二姓以交驩卜三龜而習吉（金縢：乃卜三龜，一習吉）敬陳聘幣略効贄儀

黃知縣

男女以正婚姻以時（桃夭）願在人而宜重（昏義）媒妁之言父母之命（孟子）宜擇德以為先（文中子）事雖出於人為（邵康節詩：男女天所生，夫妻人所成）幸實由於天與（前漢霍去病傳亦有天幸）令女夙閑七戒秀獨擅於閨中某男粗習一經殊愧非於席上（儒行）偶借立氷之語適諧種玉之姻卜云其吉然允臧（定之方中）已叶鳳鳴之兆禮與其奢也寧儉（八佾）敬伸鴈奠之儀

婚禮新編四之五

㕘定　　　武夷丁　昇之　集

孫尚書仲益

枌榆同社前漢郊祀志高祖禱豐枌榆社注枌符云反白榆也以此樹爲社神因立名也藐然鷄犬之聞老子鄰国相望雞犬之声相聞羔鴈旅陳後漢陳寔子並著高名每府宰辟召同時旌命羔鴈成羣當世榮之端若駏蛩之應韓文留東野詩低頭拜東野願得終始如駏蛩音巨卭遂徼一時之幸永諧二姓之歡某官龔父祖之箕裘而家法具存唐柳公綽妻韓氏家法嚴肅儉約爲搢紳家楷範某女奉尊章之鞶悅前漢廣川王傳歌曰背尊章嫖以忽注尊章猶言舅姑也今關中俗婦呼舅爲鍾鍾者章聲之轉也士婚禮曰毋施衿結帨曰勉之敬之夙夜无違宮事庶母及門內施鞶申之以父母之命鞶鞶囊也帨佩巾也而婦儀已著後漢周郁妻趙氏少習儀訓閑於婦道榛栗棗脩之贄以辨男女不敢過焉左莊二十四年女贄不過榛栗棗脩以告虔也今男女同贄是無別

也蘋蘩薀藻之菜可羞王公左隱三年蘋蘩薀藻之菜筐筥錡釜之器潢汙行潦
之水可薦於鬼神可羞於王公永爲好也

又

闚夫子之牆子貢曰夫子之牆數仞竊有執鞭之慕史記晏平仲贊曰假令晏
子而在余雖爲之執鞭所欣慕焉掃相君之舍前漢魏勃欲見齊相曹參家貧无以自通常獨
早掃舍人門外舍人以爲物而伺之得勃勃曰欲見相君无因故爲子掃之尚懷按劒之疑鄒陽
上梁王書曰明月之珠夜光之璧以暗投人於道衆莫不按劒相眄者何哉無因而前也豈謂諸郎
擇對之初宋王僧虔曰此是烏衣諸郎坐處孟光擇對不嫁不聞下走乞塵之
賤文選北山移文抗塵容而走俗狀其官議論獨守家法文章綽有父
風山簡性溫雅有父風遇郗鑒之客若無郗鑒使門生求女壻於王導門生歸謂鑒曰王
諸少並佳然聞信至咸自矜持惟一人在東牀坦腹食獨若不聞視絡秀之家何有晉周
浚出獵遇雨止絡秀之家會其父兄不在絡秀與一婢宰豬羊具饌甚精辦而不聞人聲浚怪使人覘之獨見

一女浚因求爲妾敢圖賤息見謂妬逑馳一乘之使以俯臨前漢廣武君對韓信曰發一乘之使奉咫尺之書罄三命之恭而下拜左昭七年正考父三命茲益恭代匱可也左成九年凡百君子莫不代匱奚爲食鯉之求何既知之左襄十年向戌曰君若猶辱以偪陽光啓寡君羣臣安矣何貺如之遂竊乘龍之喜

又　答董氏

北際南垂公孫瓚傳童謠曰燕南垂趙北際中央不合大如礪唯有此中可避世迥若參辰之次左昭元年子産曰高辛有二子伯曰閼伯季曰實沈居不相能日尋干戈以相征討后帝不臧遷閼伯于商丘主辰商人是因故辰爲商星遷實沈于大夏主參唐人是因及成王滅唐而封大叔故參爲晉星西傾東應南史江祿先爲武寧郡頗有資產積錢於壁壁爲之倒途銅物皆鳴人戲之曰所謂銅山西傾洛鐘東應者也自然針芥之投磁石引針琥珀拾芥夫豈偶然適有天幸其官英妙無窺園之好齊虞通之貽傅昭詩英妙擅山東才子傾洛陽董仲舒三年不窺園其精如此某女素風猶映雪之餘孫康映雪螢緣草木臭

味之同不改風雨晦冥之度（詩風雨如晦鷄鳴不已）佩至言於三復圭無磨玷之尤（語南容三復白圭詩抑白圭之玷尚可磨也斯言之玷不可為也）出妙句於五噫共有相春之樂（梁鴻過京師作五噫之歌曰陟彼北芒兮噫顧覽帝京兮噫宮室崔嵬兮噫人之劬勞兮噫遼遼未央兮噫至吳依皐伯通爲賃春說曲礼鄰有喪春不相）

又

答李氏

高門（前漢于公高門）列戟（唐崔琳與弟珪瑤俱列戟世号三戟崔家）又已伏膺（中庸回也得一善則拳拳服膺而不失）陋巷（語在陋巷人不堪其憂）編茅（東方朔論結土爲室編蓬爲户）重慚非偶龜筮叶吉羔鴈旅陳其官大丞相家（李士美丞相）典刑故在（詩雖無老成人尚有典刑）而其女孫老書生之女（杜秋雨歎堂上書生空白頭）蚕織粗更（国語女修蚕織）異日相望風馬不交於齊楚餘生何幸門墻遂接於朱陳

又

答曾氏

管蒯代賢奚事齊姜之求左成九年詩曰雖有絲麻無弃菅蒯雖有姜姬无弃蕉悴凡百君子莫不代匱芹藻可羞宜効野人之獻嵆康野人有快炙背而美芹子者欲獻之至尊雖有區區之意亦已疏矣某人世胄實江左衣冠之表家聲猶魯國洙泗之餘曾子某姪女固嘗襲荊布而素賤貧中庸素貧賤行貧賤可以執箕帚而奉酒掃表隱謂其妻氏曰婦奉箕帚而已曲禮曰納女於大夫曰備掃洒屬室家之有願式諧鳴鳳之占聚棗栗以告虔遂獲乘龍之喜

又

三星照户之光已届婚姻之候九里漸河之潤實繫閥閱之高唐楊汝士兄弟俱歷要仕時稱盛閥某官一鄉之月旦所推大父之風流未遠鄭當時知友皆大父行注祖父也某姪女遂依右族前漢陳嬰母曰我倚右族亡秦必矣以亢衰宗左昭九年焉能亢宗坦腹踞床已見出諸

郎之右齊眉舉按庶幾事君子之恭

又

内閣紬書魏志王肅傳注薛夏曰蘭臺爲外臺秘書爲内閣司馬遷爲太史紬史記石室金鐀之書榮參步武韓退之和席八十二韻綸綍謀猷盛丹青步武親窮閻掃軌李膺傳劉勝告歸鄉里閉門掃軌无所干及絕望光塵陸遜与關羽書延慕光塵思禀良規很勤緹騎之臨漢制執金吾緹騎二百人亟奉緘封之寵韓文母附書至妻寄衣開緘發封淚痕稀今弟一經志學韋賢傳遺子黃金滿籯不如一經萬卷傳家杜詩讀書破萬卷某女方擇所從重勲非偶勞謙過矣謙卦九三勞謙君子有終陳義藹然莊子屠羊說居處卑賤而陳義甚高謂圖全有動鯉之求而代置無蒯菅之弃踞床不顧獨得王逸少於座中舉按而前請從梁伯鸞爲於廡下

又

井疆綺錯（文選吳都賦提封五万疆場綺紛又閭廬千列徼道綺錯）聲聞風流（離婁上聲聞過情君子恥之離騷颺流所始莫不同祖）仰居室之方隆（孟子男女居室人之大倫也）諒襄宗之非偶肆惟息女（高帝紀呂公曰臣有息女）厥有童心（左襄三十一年昭公十九年矣猶有童心）令似聞詩無違志學匪懈夙謹齋蘩之助奚先對菲之求賸焉拜嘉敢不祗命

又

人品甚高（黃山谷灊溪詩亭云春陵周茂叔人品甚高）食河魴之可必門地非稱（昔楊佺期有門地比王恂者猶恚恨）近禁臠以奚冒適緣鳴鳳之叶占猥辱委禽而勤請張負之慕孺子知不長貧阿承之擇孔明謂甚相配（見自嫌門）豈持託孤之慰（論可以托六尺之孤）實祈倚玉之榮對將命以拜嘉（少儀其恩願聞名於將命者）撫孺衷而增感

熊舍人子後荅王叔讀

續大家之訓顧息女之未能曹大家作女誡七章讀東觀之書羨名郎之有立李邕既冠見李嶠自言讀書未徧願一見秘書嶠曰秘閣萬卷豈時日能習耶邕固請乃假直秘書未幾辭去嶠驚試問奧篇隱帙了辯如響嶠歎曰子且名家會集一言而作戲語前言戲之耳偶諧二姓以成驩某女弱質幽閑淵明和劉柴桑詩弱女雖非男慰情良勝無第守蓽門之陋儒行篳門圭窬令似秘讀妙齡秀發文選弱冠秀發早叅蓬閣之華後漢竇章少好學是時學者稱東觀為道家蓬萊山猥承致於鴈儀豈待規於龜卜寮同三館詩拔及同寮紀原云朝以昭文集賢史館同為三館雖序齒之絕殊記燕毛所以序齒酒共一樽尚論文而相益老杜与李白詩何時一樽酒重与細論文

黃山谷

門單地薄後漢高彪家本單寒實淺聲泣晉濾欽曰李胤名過於實所通婚姻

多士平素賢郎行義修於鄉黨後漢實獻事母兄養弱宗內修行義曲礼上鄉黨稱其孝也才華秀於士林杜寄韋九州詩後來光接才華盛游子厚表早以文律參於士林枝葉從仙李而來劉向曰公族者国之枝葉唐李陽冰曰指木李而生伯陽老子姓李名耳字伯陽閥閱有英公之舊唐李勣封英国公其姪女未閑於教左莊二十二年敖其不閑於教訓僅若而人靈王求后於齊齊侯求對於晏桓子桓子對曰天子求后於諸侯諸侯對曰夫婦所生若而人豈從蘋藻之求乃及葑菲之陋忝以書幣咨之話言詩告之話言順德之行泉水流於淇間雖咨比義女蘿施于松上實愧攀高不獲終辭靦然拜辱

又

行媒荐至易坎象曰水荐至坎亦雖仁荐再也君合姓見求左昭六年求昏而薦女顧弱女之焉依左隱六年晉鄭焉依非令人而何俟詩凱風我無令人其人中庠序之成式禮學記古之教者家有塾黨有庠術有序国有學比年入學中年考校一

年視離經辨志三年視敬業樂羣五年視博習親師七年視論學取友謂之小成九年視知類通達強立而不反謂之大成從師友而學文荀子脩身君子隆師而親友語行有餘力則以學文蓋將起家哀帝丁傅用事附麗之者或起家至二千石已見立志萬章上際夫有立志巾櫛侍於慶閫左僖二十二年寡君使婢子侍巾櫛逮及有行泉水女子有行蘿蔓附於喬松不爲無託古詩君爲女蘿草妾作菟絲花百丈託遠松纏綿成一家當承嘉命左襄八年范宣子曰敢不承命寧復異辭袁彥伯曰百對信之無異辭

又

耕壠相依後漢龐公釋耕壠上仕塗借助唐盧藏用傳曰終南山乃仕塗之捷徑太耒四年寡君是以借助焉方欽門第之美遽辱婚姻之求其女甫及縰笄礼記內則櫛縰笄總未閑蘋藻令似克家能子易蒙卦子克家注克能也聞禮與詩葛蘽施于條枝尚慙非對泉水入于淇與今則有行不獲固辭曲礼主人固辭注再辭曰固勉承嘉命楊德祖牋損辱嘉命

呂郎中伯恭

北望中原詩吉曰懵役中原慨想故家之律度陳無巳詩故家文物尚嫖姚南來江國老杜泊岳陽城下詩江国踰千里山城僅百層獲依名勝之風流比史刀整六爻結名勝苟可以合二姓之歡又何必有一日之雅令嗣文章議論固已不凡其女婉娩聽從內則粗謹所耶有來玉帛之禮式陳棗栗之儀師友淵源之功董仲舒師友淵源知有自矣夫婦倡隨之義將有賴焉手剌刮也婚姻之道缺陽倡而陰不和男行而女不隨

劉聘君致中沓魏艮齋

宗譜雖微術業敢忘於世學門墻伊邇聲華夙嚮於里仁念合志以同方儒行儒有合志同方營道同術宜講信以脩睦礼運選賢與能講信脩睦其女德容匪著方結蕙以紐蘭離騷紉秋蘭以為佩令似

志行克修早依仁而抱義（儒行儒者依仁而行抱義而處）荐奉行媒之

請特承合姓之求禮幣及門畀以情文之腆英才作配

蔚爲蓬蓽之光

江文卿（代華諭丁）

他鄉異縣宋遠跂予望之男室女家齊大非吾偶也（前並）

注 比者伐柯之議方兹按劒之疑偶吉卜於飛凰竟[illegible]

鬢須而致鯉（韓詩與盧仝專遣長鬚致雙鯉）三薰三沐（韓退之答呂毉山人書方將坐足下三浴而三薰之）華姻幸婣於鶴仙（遼東華表有鶴集其上曰有鳥有鳥丁令威去家千載今始歸城郭如故人民非何不學仙冢纍纍）一富一貧（前漢鄭當時傳一貧一富乃知交態）斷[illegible]

敢云於龍友（魏志華歆丙原管寧三人相善號爲一龍歆爲龍頭原爲龍腹寧爲龍尾）何[illegible]

而對（左傳其將何辭以對）聞命若驚（文選奉[illegible]驚）然問名所以重將[illegible]

既盟言歸于好（左傳九年既盟之後言歸於好）得此聲於梁楚（曹[illegible]季布曰[illegible]）

楚人諺曰得黃金百不如得季布諾足下何以得此声於梁楚之間哉雖我非宜世說蒹葭倚玉人謂非宜恃舊地於崔盧唐氏族志太宗曰我與崔盧李鄭无嫌顧其世衰不復冠冕猶恃舊地也取貲知公不忝李白上裴長史書君侯通人必不忝也

又代族人荅翁宅

開國之論從戎空承斷譜晉江統論曰江統徙戎之論乃開國遠圖只胎而富傾邑每愧大門前漢食貨志翁伯以販脂而傾縣邑幸里社之相聞顧姻盟之可合書傳鴈足蘇武傳漢使者謂單于言天子射上林中得鴈足有係帛書言武在某澤中將令藻澡以蘋賓詩采蘋注蘋之言賓也藻之言澡也婦人之行尚柔順絜清故以爲戒卜吉鳳鳴敢議龜長而筮短左僖四年晉獻公欲以驪姬爲夫人卜之不吉筮之吉公曰從筮卜人曰筮短龜長不如從長玉潤得孫枝之秀氷人況宗派之英文選爲漢宗英媒氏翁之族也適我賴兮命拜嘉於今日爲其必也庾亮荅諸葛書賢女尚少嫁姑待於他年左成十三年晉人曰請俟他年

又代姑嫁姪荅順昌陳宅

犬牙接壤前文帝紀犬牙相制所謂盤石之固又武帝紀兩國接壤幸然建劒之鄰建寧府南劒州也馮足傳書愧匪姬姜之匹念予弟之往歲托息女於此閒聞我諸姑固願賦標梅之吉將合二姓初不勞以李之投況其母命而媒言何慮龜長而筮短七星冠冕之地唐高宗朝以太原王范陽盧滎陽鄭清河博陵二崔趙郡隴西二李等七姓恥與諸姓爲昏求歎故家詩常棣況也永歎一村嫁娶之圖東坡詩何年顧陸丹青手畫作朱陳嫁娶圖聞道一村唯兩姓不將門户買崔盧今依名族項籍傳我倚名族亡秦必矣

又代劉曾仲荅翁朝賓

先友之記柳子厚先君石表陰先友記常懷半刺史之賢庾亮與郭遊書曰别駕與刺史同流王化於萬里任居刺史之半安可非其人言朝賓祖曾作倅壻父爲姻尔雅今借鄉貢郎之重孟郊送鄭公詩儂是清浪兒每踏清浪遊笑伊鄉貢郎踏土稱風流言朝賓得

興也
訓傳素鯉縣協飛凰鍾晏晏總角之音（氓總角之宴言笑晏晏）
爲其少也然盈盈一水之近（選古詩盈盈一水間脈脈不得語）適我瀕
兮既已問名是將偕老采蘋南澗以承祖固湏姆訓之
預閑坦腹東床此正佳亦幾父書之善讀（趙括）

又 代李若蓮

里社舊遊（陳平傳里中社潘明龐參傳詩怨成舊遊）若相去一牛之吼（華嚴經一牛吼地）姻家新好（左襄二十六年子木曰夫獨無姻族乎劉琨詩燕婉新昏）荐勤雙鯉之書載念吾耕（後漢賈逵門徒來學皆口授經贈獻者積粟盈倉世謂舌耕）嘗以齒録（沈佺期罪責遇恩未復朱紱作迴波詞云身名已蒙齒録袍笏未復牙緋）王渾共語談不似於阿戎（王渾子戎字濬沖阮籍與王渾爲友戎年十五隨渾在郎舍阮籍與之交謂渾曰濬沖清賞非卿倫也與卿言不如共阿戎談）張負嫁孫纔獨觀於孺子（陳平）不待紅絲之挽相知黃卷之中（褚陶謂所親曰聖賢備在黃卷中捨此何求）非受幣

不交不親 曲禮男女非受幣不交不親 以將厚意往之家必敬必戒 滕文公女子之嫁也毋命之往送之門戒之曰往之女家必敬必戒 樂得及時

又

係本春秋曾忝齊威侯之與國 左傳二年盟于貫服江黃也注江黃楚与国也始來服齊故爲合諸侯 學傳伊洛敢望文定公之盛門 胡文定公有春秋傳 遽勤身鯉之書乃不必勤之食仰惟謙遜第劇主臣 陳平曰陛下即問決獄責廷尉問錢穀責治粟内史上曰苟各有主者而君所主何事也平謝曰主臣文穎注曰主臣皇恐之辭也猶今言死罪也晉灼曰主擊也臣服也言其擊服皇恐之辭 應念毋於遠自鄙宗之出 漢五行志子鼂楚之出也注姊妹之子曰出 遂令兒輩有茲可妻之人雅聞兄子之仲容 南容三復白圭以其兄之子妻之 愧匪婦翁之樂廣 晉衛玠妻父樂廣有海内重名議者以爲婦公氷清女婿玉潤 踈裳竹笥并嫌叔鸞之貧 後漢戴良字叔鸞五女並賢每有求姻輙便許嫁踈裳布被竹笥木屐以遣之五女能遵其訓

信有關睢者之風澗藻賓蘋當謹召南之教

游子蒙

方嘆中郎之後無以傳家韓文公少受蕭存吏部知賞後過吏部舊居諸子凋謝惟二女在焉題詩云中郎有女能傳業伯道無兒可主家不圖諸葛之賢誤於擇婦何幸轉蓬之父遽承采菲之求辭幣之來情文俱腆某人早聞詩禮某女僅了組紃荷厚意之不遺信夙緣之已定殘年無幾未能忘愛兒女之心漢張禹病上親拜床下禹曰臣有四男一女愛女甚於男遠嫁爲張掖太守蕭咸妻不勝父子私情思与相近上即徙咸爲弘農太守他日有行當戒以事舅姑之禮

翁知丞丞老代荅丁宅

詩傳槐詠謾誇諫議之宗談苑翁承贊唐末爲諫議大夫詩見前注夢感松生久仰司徒之裔吳録丁固爲尚書夢松生其腹上謂人曰松字十八公也後十八歲吉其

（爲公乎卒如夢焉）豈謂不遺於葑菲遽蒙獲締於絲蘿媒氏傳音嘗辱尺書之貺行人修好復勤雙璧之貽勉輒拜嘉對越將命培塿本無松栢（晉王導請婚於陸玩玩曰培塿无松栢薫蕕不同器玩雖不才義不爲亂倫之始）自視歉然澗溪共采蘋蘩固所願也

彭應期

昔年嘗接於俊遊（枚乘久爲大國上賓与英俊並游）已親契好（老杜送程錄事千載得鮑叔末契有所及）高義不嫌於貧素（老杜新衙行故人有孫宰高義薄曾雲）申講姻盟（吳志孫權遣是儀使蜀申固盟好）裊戢黑之餘光（杜寄高適詩巴戢染餘光）增門閥之喜色其人天才秀發（陸機天才秀逸）風物清高（桓彝見謝安曰此兒風神秀徹）時流貪語於難兄（世說陳元方季方共論其父寔曰元方難爲兄季方難爲弟）力學獨傾於晚進緊予息女迨此笄年方求佳婿以相當所賴故人而不弃王郎逸少子不惡顧伊何恨

於平生（謝道韞既往王氏，大薄凝之。謝亦慰釋之曰：王郎逸少之子，人才亦不惡，尔何恨乃尔）敬
仲有嫣後其昌幸前占於叶吉根承贄帛之及切拜多
儀之嘉欣愧交并裁答奚辭

又代蒙繼女

雞犬相聞久蓄依仁之願蕙蘭同族（按詩蕙本蘭之族）也蒙求
類之塵屬因行媒之通旋發及時之議能須伐滯增爛
門闌其繼女甫閭在孤（詩生民誕實匍匐克岐克嶷）伊啞可笑（杜牧杜秋）
（詩武帳弄伊啞）迨母懷之既免（論語子生三年然後免於父母之懷）與父贄以相
親加撫愛者蓋十六年視猶己子自笄佩後以日月計
當配夫家飽閫令姪之賢已預成人之列詩禮方學純
謹見稱載惟擇對之良（晨儀曰吾女志行不凡故且遲遲以擇良配）無出其
人之右（漢高紀漢廷臣無能出其右者師古曰古者以右為尊）念女蘿之施栢所

貴高攀得夫婿之乘龍實爲厚幸
藍知軍求年先議不成與人後再合
有緣終合前注畫蛇須奪於後成史記楚世家陳軫曰人有遺其舍人一卮酒者舍人相謂曰數人飲此不足以徧請畫地爲蛇蛇先成者獨飲之一人曰吾蛇先成舉酒而起曰吾能爲之足及其爲之足而後成之人奪其酒而飲之曰蛇固无足今爲之足是非蛇也未遂何虞失馬
要知其爲福淮南子曰塞上翁馬亡入胡中人皆吊之翁曰何知其非福居數月其馬引胡駿馬而歸人皆賀之翁曰何知其非福及家富馬良其子好騎墮而折其髀人皆吊之翁曰何知非福居一年胡夷大入丁壯戰死者十九其子以足跛之故父子相保天作之合人豈能爲紺珠下曰其子之賢不肖皆天也非人力之所能爲也
今似將相業傳范蠡更佩城南之訓韓文符讀書城南
小女神仙孤遠藍橋神仙窟敢矜林下之風奚待閨
人之多韓偓有愛女方擇佳婿謂其妻曰吾閱人多矣後貴且壽無如楊生者自喜聞名
之久數因月老失之東隅收之桑榆獻効野人投以木

李報以瓊玖

江清卿代荅林丞

叢緣未契荐勤三請之恭時數既符敢靳一言之諾前件惟擇對周求勝己謝先生遺訓曰嫁女必須勝吾家者娶婦必須不若吾家者而細思莫若當仁書贊孝爲德本王祥所以當仁唯幼女實爲夢錦之孫江淹嘗夢一人自稱張景陽曰前以一匹錦相寄今可見還淹探懷得數尺与之自尔才思微退粗傳簡素而賢郎暫試戰松之任韓文藍田縣丞廳壁記對樹二松日吟哦其間行踐清華馳七年夢想之懷退之寄撫子厚詩夢寐想風采於今已三年合二姓姻婭之好萬事甚由於前定敢云今是而昨非淵明歸去來詞曰覺今是而昨非一見殆過所聞孫權賜顧雍書曰貴孫子貞令聞休休至與相見過於所聞顧承字子直始信先難而後獲語仁者先難而後獲

張叅政　全真

世傳鼎軸（韓退之和山南鄭相公詩蔡公鼎軸老亨斲力健倔）夙仰韋平之門（韋賢傳曰漢興惟韋平父子至宰相）好結絲蘿，懃引秦晉之匹，屢勤敦諭，其敢固辭。某人秀發天資，美由世濟（左文十八年八元八凱世濟其美）。某女雖遵姆訓，未習婦功，辱嘉幣以相先（莊子讓王使人以幣帛先焉）。撰寒宗之有醜。玉臺下聘，獲窺溫嶠之風流；竹筍送行，第愧叔鸞之清素（並前註）。

姑舅

孫尚書 仲益

賣婚久矣唐高士廉賛賣婚求財汨没廉耻浸以成風北史徐遵傳曰浸以成俗傾蓋歎然前漢鄒陽傳傾蓋如故書莫如求舊書盤庚上人惟求舊器非求舊惟新佇聽肥家之變記礼運夫婦和家之肥也敢忘修贄之恭左莊二十四年男贄大者玉帛其男早習箕裘記學記良冶之子必學爲裘良弓之子必學爲箕粗聞詩禮偶諸姑擇對之曰亦外家求婦之時世說溫嶠從姑劉氏家遭亂有女屬嶠覓婿嶠有自婚意眷言啐啄之同茲益綢繆之固文選盧諶贈劉琨詩綢繆之旨有同骨肉抵龜不用唐太宗將討隱巢亂使卜人占之張公謹自外至投龜於地曰凡卜以定猶預決嫌疑今事無疑何卜之爲贊曰投機之會間不容髮此公謹所以抵龜而決也投斧而行揚子去言吐輸投斧魯衛親親自同兄弟語子路子曰魯衛之政兄弟也朱陳世世

不替昏姻白氏朱陳村詩一村唯兩姓世世爲昏姻庶乎相依於唇齒之間僖五年晉侯假道於虞以伐虢宮之奇曰輔車相依唇亡齒寒其虞虢之謂乎可以盡索於形骸之外

又

手足之情鍾文選李華弔古戰場文誰無兄弟如手如足世說[illegible][illegible]曰情鍾舅氏本相求於原隰詩棠棣原隰裒矣兄弟求矣婚姻之好合茲有望於桑榆光武勞馮異曰可謂失之東隅收之桑榆注谷子雲曰太白出西方六十日法當參天今已過期尚在桑榆間桑榆謂晚也盍申執鴈之恭婚義壻執鴈入揖讓升堂再拜奠鴈求締施於之託小姪其屬在諸姑子姪之行爾雅女子謂昆弟之子爲姪左僖十五年姪其從姑而今愛實似外家季孟之間晉魏舒少孤爲外家甯氏所養論微子齊景公待孔子曰若季氏吾不能以季孟之間待之因緣兩喜之言莊子人間世夫傳兩喜兩怒之言天下之至難也夫兩喜必多溢美之言奚俟三占之吉金縢乃卜三龜一習吉覘崔盧

之門户唐文宗曰我家二百年天子顧不及崔盧耶亦何足道哉繄曾衛之弟兄固無間然矣語泰伯子曰禹吾无間然矣

又

訪故家之劒呂氏春秋曰古人劒墜水刻舟以求悼既往之莫追語八佾既往不咎賦束薪之詩詩綢繆束薪三星在天今夕何夕見此良人庶後來之可繼文選後世有繼益重綢繆之好盍申燕婉之求令小娘兒如衛女之賢問諸姨於淇水詩泉水衛女思歸也毖彼泉水亦流於淇有懷于衛靡日不思云云問我諸姑遂及伯姊某男端若秦姬之子見舅氏於渭陽渭陽康公念母也康公之母晉獻公之女文公遭麗姬之難未反而秦姬卒穆公納文公康公時爲太子贈送文公于渭之陽念母之不見也我見舅氏如母存焉固已託莩於葭中更欲施蘿于松上故無失故禮檀弓下親者不失其親故者不失其故夫復何求新之又新大學湯之盤銘曰日日新又日新當自今始

吕郎中 伯恭

合父兄朋友之契（公羊隱二年：婚禮不稱主人，然則何稱？稱諸父兄朋友）疇若高門（李不与鄭議書：托契援於高門）聯婚姻甥舅之親（左文三年：凡君即位，好舅甥，修婚姻，娶元妃以奉粢盛者也）敢於他族（左傳：无滋他族）問名之始在禮有初其男緒論與聞（文選：緒言餘論）曾侍漸磨之舊（揚子：朋友以磨之）令小娘素風不改諒惟淡泊之安（論語：回也不改其樂。劉子：安於淡泊）永愧諸生自在西河之上（檀弓上：子夏喪其子而喪其明，曾子弔之，曰：吾聞之，朋友喪明則哭之。曾子哭，子夏亦哭，曰：天乎！予之无罪也。曾子怒曰：商！女何无罪也？吾与汝事夫子於洙泗之間，退而老於西河之上，使西河之民疑汝於夫子，尔罪一也）尚蘄季女肯來南澗之濱

王狀元

勢殊小大敢論齊鄭之婚姻事有夤緣復講朱陳之好娶蒙恩有自撫巳徒慚令女質邁無雙（唐王仙客，劉振之甥，舅有女曰）

無雙幼稚戲弄批狎振妻乎仙客爲王郎子後無雙長成舅氏以仙尊官顯欲變前約一日拆遂朝怨歸云涇源兵士姚令言領兵入含元殿天子出北苑門白官奔走行在召仙客管家事當以無雙嫁汝出覲情傳

才高道蘊王凝之妻謝道蘊見女德門豈期南杜唐杜正倫與城南諸杜昭穆素遠求同譜不許銜之諸杜所居號杜固世傳其地有壯氣以出衣冠正倫既執政建言鑿杜固通水以利人既鑿川流如血自是南杜不振

誤選東床儻非有意於睦親安得再諧於合姓既辱明珠之賞晉衞玠王武子之甥也嘗與同遊語人曰此與外生同出灼然若明珠之在側勿有間之勳堅白水之盟左傳僖二十四年公子重耳謂舅犯曰所不與舅氏同心者有如白水求爲好也

王狀元

愚小子思欲嗣親輒求佳偶先大夫遺言在耳肯變前盟故因五兩之將再奉千金之諾不揺浮議益見高風令女淑質非凡良儀曰吾女志行不凡故且黜翻以擇良配遠邁當年之齊

妹鍾毓妻李隻妹某男幼年不惠左成十八年周子有兄無慧慚非昔日之

王郎前注妄求衛種之賢晉武帝曰衛氏種賢而多子果得姜姫之貴

左傳雖有姜姫無弃蕉萃雖問名之許父念納幣之猶稽每懷簡慢

之歎想辱高明之亮交情不替願勿生王蒲之嫌選沈休文

彈文云王蒲連姻實駭物聽潘揚之睦有異於此合姓有期茲益重潘揚之睦

王狀元龜齡

桑梓相望仰于門之素父前漢于定国父于公曰少高大閭閭令容駟馬高盖車我治獄多陰德子孫必有興者至定国爲丞相葭莩再結荷阮眼之常青晉阮籍能爲青白眼見礼俗之士以白眼對之母亡嵇康持酒挾琴造焉籍大悅乃見青眼雖云臭味之同

亦自夤縁之幸今女婉容玉潔懿德蘭馨若非三復之

南容莫稱五長之衛女某男年十幾冠才愧非天唐蘇頲爲益州長史李白見而異之曰是子天才英特方同孔鯉之趍庭遽効佾鶯之

求偶質無甚秀濫爲范甯之甥晉王忱謂舅范甯不有此舅焉有此甥表

不素奇愧作甘公之婿後漢陶謙年十四猶乘竹馬戲同郡甘公出遇之異其容貌許妻以女非自通家之舊曷請擇對之驩諾既奉於千金媒

敢通於一介鳳飛鸞合嬀姜之雅好斯忌鳩往魚來劉

范之世姻不絕左哀二年劉氏范氏世爲婚姻

江文淵代族人娶陳丞相若

鉛槧諸生西京雜記揚子雲好事常懷鉛提槧從諸計使訪殊方絕域四方之語以爲裨補忝

江左名流之裔管江[illegible]貴顯統兄弟騈聲江左衣冠盛族嫻文帝雅重門族以崔盧

王鄭四姓衣冠所推咸納其女以充後宮仰裕陵宰相之家陳秀公諱升之神宗朝拜相神宗求裕陵

鮮潘楊之睦有自來而齊鄭之人各有偶吾甥之

過鄧國左莊六年楚文王伐申過鄧鄧祁侯曰吾甥也止而享敢論葭莩兄子之妻

南容額慚豚犬曹操曰生子當如孫仲謀劉景升兒子豚犬耳偶緣舊好左文九年

无云舊好成此新姻劉琨答盧諶詩有加婚媾舊姻無貌新婚比者弓兄之還既傳丘嫂之言侯高帝微時常避事時時与賓客過其丘嫂食注丘大也長嫂也因椅媒言而母命孟子不待父母之命媒妁之言頻云姪短而寵長注前知我春秋罪我春秋孟子滕文公下知我者其惟春秋乎罪我者其惟春秋乎輙陳不腆之幣曲礼幣必誠辭无不腆一則仲父二則仲父劉向新序有司請吏於齊桓公公曰以告仲父有司又請公曰告仲父若是者三在側者曰一則告仲父二則告仲父易哉為君公曰吾未得仲父則難已得仲父曷為其不易也敢聞明信之言左隱三年苟有明信云云

江教授娶王氏

相江左之閥閱久著聲猷王儉曰江左風流宰相惟有王謝宰建安之子孫敢矜譜系南史江淹宋少帝時黜為建安吳興令江秉之史江為宋世淹之後无祖仕于建陽因家焉惟我祖不辭齊鄭之大小故斯時輙繼朱陳之婚姻况草廬伊迩於仙居而玉樹結姻於妻黨謝玄為叔父安

所器重安嘗誡子姪曰子弟亦何預於人事而正欲使其佳諸人莫有言者玄荅曰譬如芝蘭玉樹欲使其生庭階耳姻婭莩煩柯斧尔雅莩毋也俾託絲蘿吉既叶於鳳占儀

庸修於鴈幣史憑尺牘式固盟言摽梅得以及時適當今日韓文聖德詩太平之期適當今日夭桃歸其宜室姑待來年滕文公下以待來年然後已

歐陽知縣 變詞

小子何知夙借明珠之匱與譽高明不替敢寒白水之舊盟茲締朱鄭之親左哀九年宋鄭甥舅注宋鄭婚姻甥舅之國復結潘楊之好令女采蘋采藻姆訓早聞某男聞札聞詩義方粗習念世姻之攸重豈母黨之敢遺礼不可虛筐篚將其厚意卜云其吉男女得以及時

高伯強

魯侯逆女於齊乃齊之出左桓三年公子翬如齊逆女修先君之好鍾瑾納婚於李亦李之甥後漢李膺膺之姑爲鍾瑾之母膺祖太尉脩以膺妹妻之流風尚想於當年盛事式符於此日令女言容功德教已有成某男禮樂詩書學猶未就幸假立冰之語大明居室之倫以卜筮者尚其占易繫辭上旣叶鳳鳴之吉賀幣帛以將其意敢忘雁奠之儀

范澤氏

願爲有室滕文公下丈夫生而願爲之有室盍申嬿婉之求新臺学無他人蒹葭莫若葭莩之契前漢鮑宣曰董賢本無葭莩之親將欲重舅甥之義頍弁兄弟甥舅必再隆姑母之親爾雅父之姊妹爲姑禮不可虛尽心上君不可虛拘敬憑一介之重孔融與曹操書誠能一介之使加咫尺之書少以爲贄礼器深慚五兩之儀

張主簿 從道

齊魯以舅甥之國脩好先君（前注）朱陳乃鄰里之親某爲婚奕世眷舊姻之可尚實古義之所敦豈惟昭好之不忘抑使時風之歸厚某孫出自孤幼鞠不單微洎浸長於年齡曾未諧於伉儷令女德稱宗黨秀挺閨房久茲設席之求遽辱東床之選心實慚於宅相志切慕於氷清幸執柯伐柯之得人庶因親致親之如願爰戔束帛敢忘筐篚之儀灼灼夭桃庸謹婚姻之候

又

親不失爲親願嗣姻婕之舊某其所當某輒伸燕婉之求重期無遐弃於姑家（詩不我遐弃）乃感掌判權於舅氏盟可尋也（左定十二年吳子使太宰嚭尋盟）惠孰大焉（左昭十三年）緊男女得

以及時而夫婦於焉經始關雎后妃之德也風之始也所以風天下而正夫婦也受倩東武族潘岳懷舊賦余十三獲見於父友東武戴侯楊君始見知名遂申之以婚姻等虞鸞鏡之莫勝采蘋南澗濱切喜承嘗之有助既諧占鳳庸展委禽愧不及多儀幸毋以爲簡孟子離婁下子敎以我爲簡不亦異乎

晁侍郎無咎

通家奕世如蘭未喻於夙心繼好諸孫左文四年今啓曰來繼舊好投李敢期於厚報再歎合姓敢替聯名令女喜慶所鍾易坤文言曰積善之家必有餘慶德容兼茂某男屬方幼學期以成人男既彼甥女惟此出契援踰以他族禮律可以通婚鳴鳳其昌已篤嬀姜之舊同車信美不遑齊鄭之嫌跂望良勤好音無閡

荅

江文卿代宋弼荅黄信中

齊侯盟貫之歲始同見於魯經 左僖二年秋九月齊侯宋公江人黄人盟于貫 文子如宋之詩今預歌於韓奕 左成九年伯姬歸于宋季文子如宋致女公享之賦韓奕之五章 書已傳於莫鯉贄尤重於委禽惟淵明寒泉之思不忘母黨 陶淵明作孟府君傳云淵明先親君之第四女也凱風寒泉之思實鍾厥心謹採撰行事爲此傳 故令狐立冰之夢竟兆芝媒箕息女之既孤豈賢夫之可得 前漢必欲求賢夫從張耳 偶其縈策之癡叔 晉江湛有隱德人皆以爲癡兄子濟輕之嘗詣湛見床頭有周易問曰叔父何用此爲湛因剖玄理皆濟所未聞自視缺然乃歎曰家有名士三十年不知濟之罪也既而辭去湛送至門濟有從馬難乘濟問曰叔頗好騎否湛曰亦好此因騎此姿容既妙迴策如縈善騎者无以過之 識公扇枕之郎君 淵明曰黄香事父竭力致養暑則扇床枕寒則以身暖席 自嘆貧家 莊子孔子謂顔回曰家貧居卑胡不仕乎 非復鮮碧

漳州之曰朱鄉尊人知漳州家有樓名曰對碧此正佳婿況出晦翁艮齋之門

丁潮州歸甫

探本索源韓愈每言文章深探本源兄弟實同於一躰爾雅男子先生爲兄後生爲弟拙詩浩蕩古今同一躰別生分類舜典方設居方別生分類舅姑始判於兩塗爾雅父之姊妹爲姑母之昆弟爲舅白氏婚議詩四座且勿飲聽我歌兩塗荷徼福於前人來踐脩於舊好左成十八年來脩舊好何幸牀東之選得吾宅相之奇河間邢吳穪李繪曰宅相之許良在此甥伊顧我而我顧伊世說諸葛恢大女適庾會會被蘇峻害其女改適江彪次女適羊楷子衡取鄧攸女于時謝尚書求婚小女恢乃云羊鄧見平婚江家我顧伊庾家伊顧我敬拜戔戔之束帛賁卦曰束帛戔戔賁于丘園子生孫而孫生子列子北山愚公曰子又生孫孫又生子子又有子子又有孫子子孫孫無窮匱也求爲世世之婚姻白氏朱陳村詩一村唯兩姓世世爲婚姻

陳舍人

魯姬歸齊本由齊出左宣五年公如齊高固使齊侯止公請叔姬焉秦嬴妻晉茲亦晉甥左僖十七年晉太子圉爲質於秦秦歸河東而以懷嬴妻之亂古來曾累世爲婚選盧諶贈劉琨詩申以婚姻著以累世則我今日惟命是聽左成十八年敢不惟命是聽何愛一女孫破虜吳夫人早失父母與弟景居孫堅聞其才兒欲娶之吳氏親戚將拒焉夫人曰何愛一女以取禍乎聊以慰毋兮竹竿之思竹竿篇女思歸也再奔舊姻前汁亦得示僕也木瓜之報

江清卿

男先於女婚義父親醮子而命之迎男先於女也用勤燕婉之求姪其從姑左僖十五年晉獻公筮嫁伯姬於秦遇歸妹之睽歸妹睽孤姪其從姑尤喜婚姻之舊陳由蔡出左莊二十二年陳厲公蔡出也晉豈秦甲懷嬴曰秦晉匹也何以卑我因擒虎之佳媒唐李靖乃韓擒虎之甥得魏舒之宅相敬拜雙

魚之遺式諧于鳳之占展我甥兮行樂依於訏訏（韓奕詩）

視猶子也（記準予不得猶猶子也）俾有賴於親親

（公翁知承比老）

子之述父（中庸父作之子述之）貴前後之相承姪之從姑喜多緣不替惟一言有金石之固（荀子非相贈人以言重於金石）故二姓同膠漆之堅（後漢陳雷傳曰膠漆自謂堅不如雷与陳）某人發就師模（揚子師者人之模範）烟若明珠之在側某女粗閑姆訓愧無詠雪之高才既姑樂於饋佽況陳由於恭出意已將於匡能好官結於絲蘿庭我甥兮願繼後來之俊髦（晉范甯謂甥王愔曰卿風流儁望真後來之秀）永為好也益敦累世之婚姻

又

屏開金雀（老杜李監宅詩屏開金孔雀）敢圖舊好之修（左成八年寄來修舊好）

下玉臺温嶠取姑女，下玉鏡臺爲聘猥辱新婚之請古詩为君結髮婚自愧

份甥之無可乃知犯舅之不遺允諧月下之緣行試淵

濱之職報也好也離丗結於婚姻嫁之娶之幸送爲於

賓主万章下舜尚見帝帝館甥于二室亦饗舜迭爲賓主仰被五雲之貺唐書韋陟書名自謂如五朶雲倍增四壁之光司馬相如家徒四壁立

葉子實代高峕荅

人言五馬貴敢負家聲杜詩家聲蓋六合地隔一牛鳴喜有宅

相窗論崔盧之閥閱姑聯劉范之婚姻某人天上麒麟前注

人間鸑鷟唐張鷟字文成爲兒時夢紫文大鳥五色成文止其庭其父曰五色紫文鸑鷟也吾以文章瑞朝廷乎遂命以名其女戲習粗知於棗栗薦羞未識於蘋

蘩然斷鐘瑾之佳名肯遜陸瑁之高義莊見姑舅門猥勤冰

語妾既雲成展我甥子雅稱東床之選視猶子也幸隆

外姪之親（爾雅女子謂晜弟之子爲姪）心曲所期筆端莫究

陳簽判 季陸

十世同鄉（郷）曩商聯於甥舅二姓合好今復締於姻婭仰懷眷私弥切欣慶某人年當踰冠學問素充其女齒邁及笄組紃僅習頻好逑之曲逮承嘉命之敢辭卜以决疑爰協鳳占之吉將其厚意重勤鴈幣之儀

歐陽知縣 夔 似

孤女伶俜未知所適葬宗赫奕乃幸于歸況以許甥之家嬪于王母之黨（爾雅父之母爲王母又左氏十八年其母欲娶其黨）姻婭自昔契好逮今其人命筆而成詞章（魏文帝紀評曰文帝天資文藻下筆成章）過庭而學詩禮軒昂壯志（韓愈詩開緘忽覩送歸常擺作字向紙上皆軒昂）配於高門惠顧前人（左昭二十年惠顧先君之好）肯不遺於下躰其

女方從姆訓未習婦儀采南澗之濱或可奉承祭祀坦東床之腹知不滅於風流

又

鄉閭接軫松蘿久幸以相依姑舅連姻箕箒復欣於有托人心允愜親義益敦某人過庭而得詩禮之傳閨屋而無綺羅之習念方虛於中饋肯有顧於外家況賤息未閑於姆儀豈薄德可承於宗祀奉甘旨未滑以爲養當求之於内則之書如夙夜警戒以相成則援之以聲詩之義

孫太冲

劉范婚姻嘗聞奕世鄭王嫁娶莫及他門前漢鄭崇世与王家相姻娶豈期葭緒之至微亦獲親盟之忝講仰惟階庭之蘭

五皆吾外舅之子孫（爾雅妻之父爲外舅妻之母爲外姑）矧於伯仲之間（文選文帝典論傅毅之於班固伯仲之間耳）復有親疎之異（文選先親而後疎）然念言之不酬者既已逾於三稘而謂好之可結者曾不假於先容（鄒陽書曰以左右先爲之容也）嘗佩惠言敢忘高義顧弱女之無儀之質而令郎有元達之風（晉王忱字元達范甯之甥也詳見姑舅門）其幸無毋黨之懲（左昭二十八年叔向欲娶申公巫臣氏其母欲娶其黨叔向曰吾母多而庶鮮吾懲舅氏矣）過有物儀之寵（書洛誥享多儀儀不及物惟曰不享）遂繼修於前好用自託於慶閱微物將誠具如別幅

婚禮新編卷之八

世婚　　　武夷丁　昇之　集

歐陽知縣（夔始代祝濟之娶劉宅）

慕仰風猷（韓文慕仰風味）久託姻親之好（礼記外傳嘉礼者姻親好合之事）夤緣中表（晉山濤与宣穆皇后有中表親是以見景帝）復諧嬿婉之求爰幸居多（謝靈運擬古詩餘生因多幸）非言可喻小娘克常其德（易常九三不常其德或承之羞）未適有家（孟子女子生而願爲之有家）其弟思亢厥宗尚虛中饋頃屬行媒之告遽承惠許之塵幣帛既將深愧館甥之意（萬章下舜尚見帝帝館甥於貳室）子孫相繼永交二姓之歡

黃山谷（庭堅）

申以婚姻（潘岳懷舊賦序岳見知名遂申之以婚姻）莫如兄弟（棠棣凡今之人莫如兄弟）蓋潘楊有自來矣譬草木則臭味焉（左襄二十二年譬諸草木吾臭味也）

小子某問以詩禮則頗云周旋左成十六年上下和睦周旋不逆顏茲
烝嘗而曾莫佽助文選寡婦賦奉烝嘗以效順小娘能佩紛帨內則右佩
紛帨早從姆師管窺一斑竊服閨門之美河潤千里公羊僖三
十一年河海潤千里尚增宗祀之光國語使右姓之後必率舊章者謂之宗先聖之後敬恭明
神若謂之祀敢傾齊明中庸齊明盛服敬納嘉禮周禮春官太宗伯以嘉禮親万民

孫尚書仲益

鷄豚同社韓文公南溪始泛詩願為同社人雞豚燕春秋桑梓交陰早締嘉姻
更申舊好左成十八年來脩舊好令女簪纓仕族晉書許邁字世仕族縫掖
儒家儒行孔子曰少居魯衣縫掖之衣俎豆嘗聞孔子俎豆之事則嘗聞之矣蓬麻
自直荀子勸學篇蓬生麻中不扶自直其姪為農為圃樊遲請學稼子曰吾不如老農請學
為圃子曰吾不如老圃方續父菑書厥父菑厥子乃弗肯播矧肯構學禮學詩尚
親師範楊子師者人之模範一言作合兩喜成和河鯉之求固懃

率尒鍾霜之應（文粹喬潭霜鍾賦序南陽豐山有九鍾霜降則自鳴）暇有[illegible]然

歐陽知縣　代陳娶熊

鶺鴒在原（詩鶺鴒在原兄弟急難）雖有姻婭之舊鳳凰叶吉復諧伉儷之求幸會弥深寵榮交集某官小娘圭璋毓質（詩如圭如璋）蘭菊凝芳秉德有姜姬之全（左成九年雖有姜姬無棄蕉萃）傳姓自高辛而上（黃帝有熊氏）其男材非拔萃（孟子出乎其類拔乎其萃）學未知方（語且知方也）求懷中賣之賢敢意名家之辱（史記甘羅傳甘羅年少耳然名家之子孫）雖車多長者自憐孺子之長貧而詩誦白圭或謂南容之可妻謹諏辰而奠鴈行指日以登龍（李白上韓荊州書一登龍門則聲價十倍）

翁知丞　元老代翁氏娶劉氏兩女

慈親壽昔（老杜賀加鄧國太夫人錫號戴慈懿選大[illegible]萬壽昔）已歸自於千門（前漢）

于公高門言其親乃劉氏也猶子裔緣復聯攀於齊偶雖孫丑惟知

於有仲公孫丑問曰夫子當路於齊管仲晏子之功可復許乎孟子曰子誠齊人也知管仲晏子而已

劉氏女與翁胥家愛亦臣從蜀[illegible]一少二裴羨長方依劉魏志王粲以西京擾亂乃之荊州依劉表杜詩

登欲依劉表還疑厭祢衡矧閨壼呈芳遠邁小橋之美周瑜從孫策攻皖得橋公

二女皆国色策納大橋瑜納小橋而詩書示訓愧無逸少之才執柯因

藉於邢姨樂土遂同於韓姞鳳占叶吉鯉素傳音從此

親親合秦晉百年之契更期世世結朱陳二姓之歡敬

伸納采之儀行看宜家之詠

王知録星仲為子娶江元肅女

問孺子於窮巷嘗親屈長者之車陳平事見答儀門言江元肅曾來探婿

取佳婿於東床辱過聽門生之語郄鑒事見擇婿門駱賓王上裴侍郎書不

國君民忽世過歷天與厚幸莊子今者丘得遇若天幸然得日後好音潘岳贈陸機詩

一四四

詩發焉詩矣好音自得劉公一昏之書晉劉弘領荊州每有興發手書守相丁寧款密人皆感悅赴之曰得劉公一紙書賢於十部從事欣領季布百金之諾以姓配姓或假人爲竟夫詩男女天地生夫妻人倫成因親締親殆由天合檀弓下親者毋失其親大明詩天作之合不待挾二十世之契夙以元禮之通家後漢孔融孔子二十世孫也十歲隨父到洛陽時李元禮有盛名詣門者皆中表親戚乃通融至門謂吏曰我是李府君親既通前坐元礼曰君与僕有何親對曰昔先君仲尼与君先父李老君同德比義是僕与君弈世通家更期八千歲爲春前注永托齊邦之大援左成十一年鄭昭公敗戎齊人將妻之昭公辭祭仲曰君多內寵子無大援

張主簿從道代張陳

慶承嬀汭之餘光而有耀左莊二十二年有嬀之後將育于姜又曰光遠有自他有耀注嬀陳姓世襲弦弧之裔名殆無間張氏出自軒轅第五子揮爲弓正始制弓弧子孫賜姓張氏春上世嘗厠輿臺於腹心漢贊腹心良平迨今時復聯

陰於桑梓況不無於瓜葛宜結好於絲蘿左莊二十五年陳女叔來聘始結陳好也某孫齒將及於成人時切思於甚室西京雜記竇太后曰兒甚室矣令愛克全女德確佩姆儀諒繫籍於月下老之書遂得通於冰上人之語頓俾金張之後獲交秦晉之歡幸矣既蒙文選鷦鷯賦雖蒙幸於今日儀敢忘於奠鴈歆然自視尺心上自視欲然則過人遠矣譽切愧於乘龍

楊唐叟出嫁娶

頤我萍蓬古詩飛蓬在木末浮萍在流水身何苦不自由隨風逐浪何時已一濫繼星郎之末裔後漢楊秉蹤大微積星名爲郎位入奉宿衛出牧百城與君瓜葛幸尋月老之舊盟揣分奚堪省躬知自今愛閨門四德夙全冰雪之姿莊子逍遙遊藐姑射之山有神人居焉肌膚若冰雪其男天地一身古詩天地一身孤謾有琴書之志魏志魏琰以琴書自娛王孫釣楚固不在魚

韓信至城下釣有一漂母哀之飯信信曰吾必重報母母怒曰大丈夫不能自食吾哀王孫而進食豈望報乎

信後亡楚歸漢公子奔齊偶諧占鳳（左莊二十二年陳公子完奔齊齊侯使敬仲為卿初懿氏卜妻敬仲占之曰是謂鳳凰于飛宗字敬仲）雖負緣之素定荷陳義之甚高獻雙璧之珎豈人之所能至賜千金之諾非公其誰與歸

葉子賓

得佳婿於東床（晉郗）攀援慕蘇女於南澗復喜姻親提孩各長於兩家（韓公符讀書城南兩家各生提孩巧相如）婚姻秪求於二姓匹幸聯於秦晉好求結於朱陳固我願兮式相好也姻親交締投木瓜報瓊瑶礼意庸將有幣帛實箱篚

鄭尚書 少嘉

迎則必親先聖首推於至重（哀公問曰冕而親迎不亦重乎孔子愀然作色而對）

曰合二姓之好以繼先聖之後以爲天地宗廟社稷之主君何謂已重乎敬而無實前賢切笑於未將孟子盡心上食而不愛豕交之也愛而不敬獸畜之也恭敬者幣帛之未將者也恭敬而無實君子不可虛拘矧予有子而中饋尚虛逾於壯室而寸心易邁曲礼曰三十曰壯有室鐵硯久磨而未効桑維翰人有勸從他仕者乃鑄鐵硯示人曰硯弊則改他仕卒進士及第金籯徒守而罔功韋玄成曰黃金滿籯不如一經書胤征曰愛克厥威允罔功樂叔女以配之柰富人莫與者陳平家貧長可娶婦富人莫与者幸舊遊之不弃顧令愛以尤賢平章雖籍於斧柯老拙侯封主薄親事不合詩亭余与主薄平章鄭氏女子世契實聯於瓜葛詩曰王遵与子犹弈棊争道尊笑曰相与有瓜葛那得爲尔庸破拙囊之吝拙詩囊空恐羞澁留取一錢看勉勤召幣之供召誥惟恭奉幣用供王庶免虛拘求諧嘉好

答

孫尚書

通德四牡之路後漢鄭玄傳孔融深敬於玄屣履造門告高密縣爲玄特立一鄉曰鄭公鄉又曰鄭公之德而無騶牡之路可開門衢令容高車號爲通德門莫窺數仞之高平輿二龍之淵後漢許劭有高名兄虔亦知名汝南人稱平輿淵有二龍焉注今豫州南有二龍鄉月旦里幸接州閭之末莊子邑屋州閭附賤大貺左襄十四年重拜大貺重以好辭語林曹操至江南讀曹娥碑背有八字曰黃絹幼婦外孫齏臼操不解問楊修修曰知之操曰且勿言行三十里乃得之令修解修曰黃絹色絲是絕字幼婦少女是妙字外孫女子是好字齏臼受辛是辭字俗云有智無智校三十里曲敦久要之情憲問久要不忘求締歡盟之固令孫名駒千里南史任昉從叔晷稱其小名曰阿堆吾家千里駒也奇產萬金退之贈張籍詩有兒雖甚憐教亦不免簡省君任饑食使立侍盤盞薄暮歸見君迎我笑而莞指渠相賀言此是萬金產乃眷女孫左僖閔婣訓謂婚姻之外莫如魯衛之親而聲氣之同奚俟姬姜之貴

又 仲益答王氏第二子

紬書延閣劉歆七略武帝廣獻書之路百年之間書積如丘山故外有太常博士之藏內則有延閣廣內秘室之府登陪鸑鷟之戀退之與翺書詩鸑鷟欲歸仙仗裏竄跡窮闕又玷葭莩之末其人名駙千里奇產萬金其姪以方從姆傳閑機杼之工杜織女詩防身動如律竭力機杼中莫助尊章薦蘋蘩之祭不謂好逑之意俯循代匱之規二姓交驩敢議叅軍之配晉王渾妻鍾氏生子濟渾曰生子如此足慰人心鍾氏笑曰若使新婦得配參軍生子故不翅如此參軍謂渾弟淪也一門推重孰踰阿大之賢晉謝氏曰一門叔父則有阿大中郎

黃山谷荅李方進

謏蒙裏言左莊十四年伯父無裏言忝貺嘉幣左昭元年若野賜之是委君貺於草莽惟茲息女近若而人賢棄武庫五兵晉裴頠傳學稱古周弼見之曰頠若武庫五兵名駒千里方卜蘋蘩之助豈伊顯頠之求虛元禮之高明後漢李膺謂孔融曰高明祖父與僕有舊恩乎及阿承之小醜蜀志曰莫作孔

明經婦正得阿承小禮著姓多有顧衰宗之恥然懿親不忘維伯

氏之故也眷逮如此終辞謂何

劉郎中 智甫

薄俗論財後漢彫薄之俗末章文中子婚娶論財誰念姻親之舊詩我行其野不

思舊姻求尔新特名門北史宋弁姓自矜伐自許膏腴孝文以郭祚晉魏名門從容謂弁曰卿固當推

郭祚之門弁笑曰臣家未肯推祚擇配民戲曰吾女志行不允故且為婿以擇良配獨先聲

氣之同凜高誼以難量董仲舒傳講聞高誼之日久矣允穎宗而有燁

令似美質素推於蘭玉芝蘭玉樹其女弱齡未稱於蘋蘩淵明

由阿作婦鄰寄事外不援因親遂諧合姓饋遠方之雙鯉弥荷眷

勤占在户之三星共期偕老

張主簿 從道代張嵊縣答謝紹州

赫奕相家久聳蒼生之望晉謝安傳曰安石不起其如天下蒼生何佇傳素

冑浪傳黃石之書張良爰緣壤地之與鄰顧惠姻婭之雅舊載講潘楊之睦重親秦晉之歡欽承猶子早洽於[illegible]文靜念弱息未閑於姆訓惟食魚不必魴鯉故代買[illegible]許蒯管屬執柯伐柯而得其人故因親致親乃適所願永以爲好重贄奠鴈之儀敢不拜嘉幸竊乘龍之喜

翁縣丞元老代劉若今

少日議婚早獲下邳之偶下邳余姓中年擇壻兩歸妻黨之宗雖孟光宜對於梁鴻亦孫丑惟知於管仲某人下筆如神之有杜詩下筆如有神其壻能書也生長于門其某女采蘋在澗之濱孔樂韓土顧馬牛之風不及論草木之味則同既欲効仲宣之依固宜許吾谷之妻此日于飛叶吉使可傳兩姓之圖東坡有朱陳村嫁娶圖詩此戲其壻能書也他日友倩相從嚴助家貧爲友

學者同人所要㝎同門之揩不妨講三餘之學魏董遇見從學者云當以三餘冬者歲之餘夜
者日之餘陰雨者時之餘

契舊

呂郎中代韓尚書娶王氏

講舊遊於群從前注早接茵憑寧戚傳同車未嘗敢內茵馮注茵車中之薦㕜車中
所馮者也閭嘉耦於諸孫王愉以其孫慧龍為諸孫之龍故之左傳隱公元年注嘉耦曰妃
肇修敬聘伊訓先王肇修人紀曲禮男女非受幣不交不親內則聘則為妻載謌吉日
詩吉日為饍用展多儀其孫官學載初曲禮下官學事鄉非礼不親及
茲授室令愛德容參劭協比宜家奕奕梁山巔自嶄
於樂士韓奕詩奕奕梁山孔樂韓土湯湯淮水幸將抱於慶源詩鍾鼓鏘
鏘淮水湯湯晉王導渡淮使郭璞筮之卦成璞曰吉无不利淮水竭王氏滅其後子孫繁盛卒如璞言此一聯
用韓王二家妙二姓之合於禮為嘉五兩之陳其儀則舊

汪內翰彥章

夫婦有經，周禮特嚴於判合（見媒氏門）；婚姻尚族，衛詩偏叙於宗親（碩人齊侯之子衛侯之妻東宮之妹邢侯之姨）。輒忘憑藉之微（唐高祖贊制度紀綱之法後世有以憑藉扶持），仰恃從遊之舊（退之詩今子從之游孝問得所欲）。某姪從師有日，授字及時；小娘相胄高華，姆儀素習。幸聞名於下執（柳子厚與太學生書不能布露所蓄論列大射聞于下執事），許徼福於先公。門地非侔，雖培塿本無松栢；宗枋有慶，庶澗溪共采蘋蘩。

陸提舉（務觀娶陳倅女）

門地浸微（李揆爲隴西冠族帝歎曰卿門地人物文學皆當世第一信朝廷之羽儀乎蕭瑀贊浸微而亡），尚有詩書之夙好（淵明夜行詩書敦夙好園林無俗情）。婚姻至重，豈無聲氣以相求；敬拜誠言，不忘疇昔。某劣未諧有室之願

小娘將獲從人之端肯顧屏舒膚俯從誠請聟眷此通家之好雖實自前人成茲合姓之歡詎敢期於今日

陳簽判 季陞娶劉氏

開孔雀之屏輒以敬仲而卜妻協鳳凰之兆益堅劉氏之世姻況明鏡實夙契於金蘭（易勿疑朋盍簪）而子佩復繼於研席（詩子衿青青子佩別漢佞倖傳序張彭祖少与宣帝微時同研席）有自來矣夫豈偶然素輕滿籯黃金何用一雙白璧式脩穀旦聊貢菲儀雖嫁娶而論財固非為我輩設（晉阮籍嫂嘗歸寧籍相見與別或譏之籍曰礼豈為我輩設邪）然敬恭而無實豈不為門下羞愧感居多敷宣罔既

陳桂卿 兩家交婚

金蘭契合尔無詐我無虞（宣公我無尔詐尔無我虞）蔦蘿緣深女有

家勞有室締講朱陳之好眞成周鄭之交（左隱三年周鄭交質）豈伊人爲（孟子豈人力之所能爲哉）實惟天相（左惟天所相）屬一陽之將復（易七日來復）宜五兩以交馳（文選羽檄交馳）贈錦報瓊（張平子四愁詩佳人贈我錦繡段何以報之青玉案佳人贈我金錯刀何以報之英瓊瑤）深愧情文之不敵得牛還馬（小書得人一牛還人一馬）詎勝禮意之宗隆

答

王狀元代答劉觀文

託事契於高門（丁晉公啓三十年門館從游不无事契賈誼傳事要不結高門）夕銜恩施（文選陸士龍贈婦詩遊蒙眷顧言銜恩非望始谷永謝王鳳曰頓首公門以報恩施）謀婚姻於息女（周禮媒氏注媒之爲言謀也）遽辱誠言（子路誠哉是言也）親素善於一家驩宜申於二姓令似天資特秀早聞詩禮之傳某小女女則未閑甫就姆師之訓恭聞嘉命俾締華姻雖非偶

以爲慚豈他辭之敢有夫夫婦婦克諧偕老之宜子子孫孫永繼通家之好

黃山谷

名實缺然（莊子名者實之賓也又曰自覩缺然）門地蕞尒（晉溫嶠與姑劉氏曰門地婚身並不減嶠左昭七年子產曰蕞尒國而三世執其政柄）維江湖橘柚之域淩京洛衣冠之遊顧嘗同僚（左文七年吾嘗同僚）辱貺重禮（左文三年莊叔曰君貺以大禮何樂如之）藐是孫女逮茲縰笄齋郎髫笏自於懷綳（退之城南聯句舞勳康童鬌髫笏自懷綳）芝蘭秀於庭戶（謝玄）卜相宗事（禮記父醮子曰往迎尒相承我宗事）當宋大家（訖小儀不顯於大家）猥得附葭莩之親恐未勝掃灑之職中以盟好不遑遷延（文選宋玉好色賦因遷延而辭避）勉輒拜嘉對越將命（詩清廟對越在天）

孫尚書

書千佛之名唐書張倬傳下第擧登科記顧曰此千佛名經也夙忝父兄之契合二姓之喜又塵姻婭之聯重勤緹騎之臨加賁囊書之寵趙后傳緑囊書予許美人某人早聞學詩禮襲弓冶之傳女孫可使奉尊章脩蘋蘩之薦乃眷異日從遊之好寔爲一朝附托之因燦然雁幣之陳過形於褒衮穀梁序春秋一字之褒寵踰華衮蕞爾棗脩之贄殊異於報瓊

又

冠冕同朝袁子正書曰古者命士以上皆有冠冕梁惠王下王欲見孟子曰前日願見而不可得得侍同朝甚喜素欽才術之美唐書曹世南子昶無才術歷御作少匠軒裳望族明雜詩軒裳逝東崖遽辱婚姻之求方屬文拘司馬相如傳拘文牽俗未容賓謁行媒荐至不遺葑菲之微合姓見盟猥辱縑緗之重維茲弱女行且初笄僅知保傅之嚴文選枚乘七發云貴人之子必

（宮居而闈処內有原好外有傳父）未諭蘋蘩之重其官箕裘志業詩書
世家早以閥閱之貴延（大禹謨賞延于世）已列搢紳之仕籍愧
荷攀附（文選皆月可攀附）竊幸夤緣（老杜夔府詠懷萍泛苦夤緣）雖葛藟施于
條枚疑若非對而泉水入于淇澳義將有行無復異辟
允應嘉命

又

早以父兄獲預俊遊之末晚因童稚又塵姻婭之聯其
盛禮於一門締交驩於三世某人衆謂恂恂無子弟之
過（孔子於鄉黨恂恂如也退之薦士書曰君子其在家无子弟之過）其女自恐兢兢詒
父母之罹（漢乂戴傳礼之用雁婚姻爲兢兢詩无父母詒罹）重勤慶幣之先（莊子
讓王使人以幣先焉）適契有家之願莫不代匱无廢窮閻菅蒯之
求可與晤言庶乎東池紵麻之漚（東門之池可以漚麻彼美淑姬可以晤歌）

可以謳詠可以聽語可以謳唐可以唐言

呂郎中伯恭代叔回李宅

百年門户各保家聲南史郗慧曰忠不背國勇不逃死百世門户宜思後計二姓婚姻共惇先契某女順承之道隸習未閑曹大家女誡曰敬順之道婦之大禮也某人英妙之稱發固惟舊既奉道言之固前注敢稽報聘之修有若靖康以來非無雅素其自葉公而下莫不寵嘉左昭二年其自唐叔以下實寵嘉之

女先男

江文卿代從父兄宣叔到丁景先姑夫

氷人荐至易坎象曰水荐至尔雅曰荐再也敢忘非耦之辭金諾親承晉王承爲東海王越記室參軍越敕其子毗曰諷味遺言不若親承音旨益荷相攸之愛固所願也何以得哉某小子某某膝上猶癡前注聞未該於詩

襟懷承某人第一院小娘召南進化秀已擢於閨房何因伉儷之求不弃單平之系顧女婚訪王氏之少此正未佳然世親藉楊經之姑其來有自（文選潘安仁楊仲武誄楊經字仲武藉三叶世親之恩而子之姻余之伉儷焉潘楊之睦有自來矣）

答

毗陵公

事匪人謀夙表刺眉之異（見月下老門）孔嫌自獻（坊記子云夫礼坊民所淫章民之別使民无嫌以爲民紀者也故男女無媒不交無幣不相見恐男女之無別也以此坊民民猶有自獻其身）偶先坦腹之求念雖擇對之有緣亦貴因親之曲照令姪知名有自居然甯氏之甥（魏舒）其女傳業無人藐是中郎之女（前注）來從萬里子亦一身得吾宅相之賢託此宗盟之重王臺下聘縴著於風流荆帚贈行敢忘於

訓戒

婚禮新編卷之八

婚禮新編卷之九

武夷丁　昇之　集

兩姨

陳桂卿

曩聯姻婭叨居秦虢之間楊妃外傳曰貴妃有三姨大姨封韓國夫人三姨封秦国夫人八姨封虢國夫人今幸情親老杜奉簡高三十五使君行色秋將晚交情喜更親重繼朱陳之末静言契合積有夤緣既叅梓之連陰復葭莩之有舊雖鳴鳳之占允叶然委禽之禮敢忘姉妹當年嘗許一言於指腹郎娘此日果諧百歲以同心爲幸居多勿問可想益卦九五有孚惠心勿問元吉

又　堂兄弟連婚

猶子無知曩獲攀於齊接癡兒不敵晉書生子癡了官事官事其可了乎

復何與於譚私碩人齊侯之子衛侯之妻東宮之妹邢侯之姨譚公維私爾雅姊妹之夫曰私過勤執斧之言重荷斷金之諾事由望外韓文荅殷侍御書惠出望外心承命反側喜溢顏間小娘德容具修遠過橋公之姊妹[illegible]男才名並稱勳非陸氏之弟昆方慶楚子之小維左傳楚莫敖紐於蒲騷之役將自用也必小羅敢意陳侯之妻鄭左隱七年鄭公子忽在王所陳侯請妻之禮少爲貴記禮器有以少爲貴者天子無介諒無嫌寸帛之微道不虛行易係苟非其人道不虛行將以藉尺書爲獻易大過藉用白茅

荅

江文卿代江耀卿女與游承孫

兩婿相謂爲亞尔雅早陪驥子之遊北史裴宣明子景鸞有逸才江東呼爲驥子二姓之合重婚婚義今遇龍孫之長後魏王惠龍幼惠其祖愉以爲諸孫之龍故以名辱公書貺締此佳姻且真渭陽之親躬占氷上

之夢貧家女難嫁白居易詩貧家女難嫁嫁晚孝於姑幸焉依於邢姨左隱六年我周之東遷晉鄭焉依詩碩人東宮之妹邢侯之姨詳少此正佳見擇婿門知同自於蔡出左莊二十六年陳厲公蔡出也江游二公皆娶蔡氏男女皆蔡甥求以爲好敢不拜嘉

妹弟

王狀元龜齡

夙忝葭莩仰羨河魴之巨敢圖棣萼繆當屏雀之開固知睦有自來深愧大非吾偶念某粗能餬口左隱十一年寡人有弟不能和協而使餬其口於四方素之白眉蜀志馬良字季常兄弟五人並有才名里爲諺曰馬氏五常白眉最良伏承小娘才高林下之風質瑩閨中之秀冰人之夢諾已重於千金墨子陳儀通典鄭衆言婚礼有合驩鈴取音和諧九子墨取生長子孫禮有惠於雙璧

屛山先生 劉定冲

維桑與梓（詩小弁）曾無一舍之遥親仁善鄰（孟子國之寶也）況切平生之慕敢敷誠悃願綴華姻令妹夙稱同躰之賢其姪方圖内助之懿比因傳道已荷聽從迨兹良月之臨（左莊十六年十月良月也尔雅十月爲陽注純陰用事嫌於无陽故云）式謹元纁之聘（白虎通納徵玄纁）一言而決由同氣以相求五世其昌庶自他而有耀（前注）

王參政 代呂周

夾輔同心爰有賜盟之舊（左僖二十六年昔周公大公股肱周室夾輔成王成王勞之而賜之盟曰世世子孫无相害也）通婚姻好願諧合姓之驩儻蒙徽福於前人宜奉初言於異日令妹夙漸閨見已高風槩之才某男粗有性靈可授籯金之訓敢因媒妁用締姻[illegible]

衰門殊李鄭崔盧（國史補云滎陽鄭岡頭盧澤底李士門崔皆爲鼎甲）顧華胄非

吾偶也羣從有封胡羯末伊小兒得我師焉

彭應期

擇對不嫁昔聞其賢獨居無朋今得其助令妹神清澄朗德性柔莊冰雪自持姊妹相依而爲命星霜浸閱閨門不見其墮容凜乎季女之所爲賢若伯鸞而後與皎此心而自信質神明而不疑（易係質諸神明而不疑）合會有時賁緣遂定寶之箱篋顧將意之甚微報以瓊瑤覿爲好之益厚

荅

劉觀文共甫荅范寔夫

吾里俊遊（校乘久爲大國上賓与英俊並遊）喜策名於天陛（左僖二十三年子之

能仕父教之忠策名委質先君息女方擇對於儒林猥辱好逑迺茲承嘉惠令姪長材俊茂杜送韋評事詩令姪才俊茂誇耿秀士之群韓文公送陸暢詩迎婦丞相府誇映秀士羣其妹弱質孤微粗服姆師之訓幸同聲氣獲結姻婭頓南阮之貧家晉阮成傳北阮富而南阮貧有愧論財之約得東床之勝士庶全偕老之期

韓徽猷子著

有齊先君之女擇對唯艱山谷送張叔和詩有齊先君之季女十年擇對无可人箕箒掃公堂上塵家風者爲故相親熙寧內相之孫承休未艾驟蒙委貺弗獲深辭其妹婦德婦功粗嘗聞於訓序令郎儒言儒行方譪著於賢聲既承中饋之虛當備執巾之役雖微韓姑之譽以燕高門韓奕慶既令居韓姑燕譽遂成鄭忽之婚豈非素願聊陳不腆之禮求結無窮之歡

江文卿代江景毅荅劉宅

摽梅之得及時自今以始注並前歸妹之遲有待歸妹愆期遲歸有持象曰愆期云遠有待而行也睚我衍期詩匪我愆期尒无良媒荐煩行李之來左傳三十年燭之武見秦伯曰行李之往來共其困乏竟議孫枝之好崔盧王謝方妄蒙於舊門唐太宗曰齊梁雖有人物偏方下國故以崔盧王謝爲重今謀士勞臣以忠孝文藝從我定天下向谷助貨舊門買婚以爲榮耶竭末封胡敢自矜於群從晉謝道韞曰群從兄弟則有封胡羯末不改鳳飛之卜則唯氷上之言顧承命之若驚欲終辞而莫可得劉公之一帋固多從事之賢注前賦韓奕之五章抑亦見先君之望左成八年伯姬歸于宋季子如宋致女復命公享之賦韓奕之五章穆姜出于房再拜曰大夫勤辱不忘先君以及嗣君施及未亡人先君猶有望也注穆姜伯姬毋言先君亦望文子如此

師友

王狀元龜齡

通家有素，偶同太學之虀鹽（韓退之送窮文：太學四年，朝虀暮鹽），臭味為

媒，濫折仙源之桃李。念舊緣之不淺，荷翦拂之非凡（劉孝

標絕交論：顧盼增其倍價，翦拂使其善鳴）。既逢阮眼之青（晉阮籍能為青白眼，見禮俗之士以

白眼對之。嵇喜母喪，嵇康同之，乃齎酒挾琴造焉。籍大悅，乃見青眼），寧愧齊邦之大令女。

儒門孕秀，女教傳芳，想七戒之素修，諒五長之並有（見潛

婦門）。作配宜求於禁臠，屬心寧顧於蓽門。其身尚白丁（周宣

帝樂平公主嫁李敏，帝問主曰：敏何官？對曰：一白丁耳），業乃黃卷（前注）。自愧雕蟲之

技，未收變豹之功。妄求詠絮之才，偶預牽絲之選。幸逢

張負之賞鑒，寧患久貧；庶幾畢萬之家，風從茲必大。

王枞讀 克勤娶熊舍人女

冊府師承（穆天子傳：羣玉之山，先王所謂策府。注：西王冊所居者，言往古帝王藏書策之府），久

伏膺於北面中庸得一善則拳拳服膺而弗失之矣南史沈峻開講群儒並執經北面受業莫不
歎服德門婿選獲坦腹於東床於杖席而益親曲禮席間函丈將
淵源而尽得董仲舒師友淵源切知多幸欽仰佳盟伏承小娘
素質容儀屬當笄字而次男某早繇科目濫閱寶書山谷
送子瞻詩天上玉堂森寶書注李善注江淹擬休上人詩集天官之寶書敢云嬿婉之求實
自品題之厚一經品題使作佳士族屬得宜家之慶交游期進德
之階不遠緒言端有鳳契鳳占協吉遠圖五世之昌麟
筆修辭近扣一經之趺熊舍人撰本朝通略故云

熊主簿仲勉代呂李

族緒衰微竊愧當年之魚玉尚書中候曰太公即磻溪之水釣其涯得玉璜刻曰
姬受命呂佐之報在齊後果封於齊或曰魚腹得玉璜婚姻有請輒攀此日之龍
門李膺龍門前注顧治長曾事於宣尼諒文公不掯於南紀唐李

漢字南紀少事韓愈厚知最孚旦親愈愛重以女妻之令女姆儀外淑婦德中純其男幼雖失於過庭早克知於請業曲礼請業則起頃緣柯斧將結絲蘿繇既叶於鳳占禮敢通於鴈奠

答

呂郎中伯恭

遊從再卌韓文公詩今子從之遊李問待所欲既彼此以具知講隷十年從君子以朋友講習亦往來之無間迨聞嘉命其敢固辭令弟種學之初韓文種李績文以畜其有方求內助其女及笄之始未習婦儀志尚有加可使効饁田之役晉臾缺耨之妻饁之敬相待如賓進修或怠猶能斷織之規河南樂羊子遠李一年來歸妻跪問其故羊子曰久行懷思无他異也妻乃引刀趍機而言曰此織生自蚕繭成於機杼一絲而累至於寸累寸不已遂成丈四今若斷斯織也則失成功稽廢時月夫子積李以求懿德若中道而歸何異斷斯織乎

熊知縣 山甫

早以遊從曾並管寗之席殷芸小說管寗与華歆同學俱遊斈同席讀書有乘軒過門者歆廢書而看寗割席分坐曰子非吾友也晚因婚對又窺逸少之床況一門阿大之賢謝氏曰一門叔父有阿大中郎有八世莫京之好見占卜門玆復攀於高援文選李丕書云托繫援於高門實光華於舊族實徽福於前人前注令郎夙捧鄉書周礼地官鄉老及鄉大夫獻賢能之書于王方懋三冬之業東方朔年十二學書三冬文史足用荀女幼閑姆訓僅知七戒之遵猥辱好逑願承委貺絲蘿之無弃管蒯喜方續於舊姻瓊瑤之匪報瓜桃邈莫孚於謝悃

陳桂卿

男願室女願家是人所欲雲從龍風從虎以類而求伏承不弃久要而以令郎請婚自惟無似而非小女可妻

旣氷人重有所扣非月老所得而辭方欣昔同門而今對門敢云各有偶而大非偶

幼婚

江元吉

宋城三齡之女巳兆婚姻（見前注月下老門）泥陽六歲之男早諧伉儷（傳咸六歲隨繼母杜氏省繼外祖母嚴氏嚴氏曰此千里駒也必當遠至以其妹之女妻之咸泥陽人也）矧在素聯於瓜葛是宜効偶於鷄鸞令女學采蘋蘩未遜召南之季女某男行視詩禮尚慚徐卿之小兒（老杜徐卿二子歌小兒五歲氣食牛）念生子旣巧相如（韓文符讀書城南兩家各生子提孩巧相如）而大倫不爲太早（王吉曰世俗嫁娶太早未知爲人父之道）二十嫁三十娶雖未及時（周礼媒氏男子三十而娶女二十而嫁）五世昌八世京[illegible]符吉卜繫臂愧非於玉帛同心求契於金蘭

荅

王狀元龜齡代六歲男娶五歲女

樂天示勸深虞生育之遲白樂天勸早婚詩曰婚姻既不早生育常苦遲延壽
訪婚欲見曾玄之早北史楊椿字延壽常欲爲曾孫早娶望見玄孫蓋一生之
計惟在於少詩話一生之計在於少一年之計在於春一日之計在於寅而萬世之
嗣莫重於婚哀公問大婚乃世嗣也何謂已重乎之若兩小了無猜嫌李白長干行妾髮初覆額折花門前劇郎騎竹馬來遶床弄青梅同居長千里兩小無嫌猜十四爲君婦羞顏未嘗開宜二姓合於鸞角內則子生三月擇日翦髮爲鬌男角女羈況令孫清徹
已聞駒齒之生北齊楊愔六歲學史書從兄昱謂人曰此兒駒齒未落更十歲當求之千里外
而姪女無知方在鳩車之歲王元長曰小兒五歲曰鳩車之歲苟不遺
於葑菲喜獲附於葭莩柳子厚寄張使君詩言姻喜附葭雖云鵬鷃之
不齊自是馬牛之相應韓詩外傳馬鳴而馬應之牛鳴而牛應之非知也其勢然也

財貧不論韓愈崔立之詩老婦欲嫁女約不論財資何未忘夷屬之懷他日有行女子有行遠父母兄弟正有賴舅姑之教魯語公父文伯之母曰吾聞之先姑曰君子能勞後世有繼子夏聞之曰古之嫁者不及舅姑謂之不幸夫婦斈於舅姑者也

宗姻

彭應期代趙宴礼

半生飄轉晉魏詠之有兔缺聞殷仲堪帳下有名醫能療之投仲堪召醫視之醫曰可割補之須百日進粥不得語笑詠之曰半生不語而有半生亦當療之况百日耶老杜入宅詩飄轉任浮生飽江湖不繫之蹤杜甫龍門閣詩飽聞經瞿塘又蓑拙江湖外賈誼鵩賦泛然若不繫之舟一日貪緣杜甫詩瓜時猶旅寓萍泛苦貪緣有晉鄭焉依之幸左隱六年我周之東遷晉鄭焉依才名云慊李白上韓荊州書或以才名見知風度無堪北史李秀之兄弟容皃魁偉風度審正猥勤襟次之相期俯以姻親而見録屬投悃愊載辱嘉音方當具不珍之優劉向說苑曰大夫士庶人曰某之父某之師友使某

執不珍之屨不珍之束脩敢不
敬礼某氏某某女壻見辯儀門
敬禮於門闌茲敢以半
通之銅荐修於書幣揚子半通之
銅五兩之綸
所陳簡陋姑効消勤
新進士綴行王禹偁出知黄州蘇易簡牓下放孫何等
進士三百餘人奏乞送子以奏可之禹偁
作詩謝曰綴行相送我
何榮老鶴乘軒愧谷鶯
名屬叨於登虎歐陽詹李進士
与韓愈聯第皆
天下擬羽解龍虎牓張唐
歸詩以一李首登龍虎牓
故仲子歸我左隱元年傳故
仲子歸于我
私切愧於乘龍

藍魯曾次王轉遺它

靈槎浪穩昔聞牛渚之津涯張華博物志舊說云天河
與海通近世有人居海渚
年年八月有浮槎去來不失期人有奇志立飛閣於槎
上多齎糧乘槎而去十餘日中奄至一處有城郭屋舍
遥望宮中多織婦見一丈夫牽牛渚次飲之牽牛人乃
驚問曰何由至此此人具說來意并問此是何處答曰
君還至蜀郡訪嚴君平則知之因還至蜀問君平曰
某年月日有客星犯牽牛宿正是此人到天河時也
仙
槎風生今報蟾宮之消息人謂登科之小自慚攀援之

高鮮納幣之後時（礼記婚義納幣一束，束五兩，兩五尋）冀結縭之有日（詩東
山親結其縭，九十其儀）室如垂磬（左傳齊侯曰室如垂磬，野无青草，何恃而不恐）豈無望
宜室之歸（詩之子于歸，宜其室家）門可張羅（鄭當時下邽翟公爲廷尉，賓客塡門，及廢
門可設爵羅。又白居易詩眹曰：屋頭堪炙手，今朝門外可張羅）已頒慶盈門之爛（韓詩 韓亦
侯顧之爛其盈門，蓋人譜藍宅貧故有垂磬張羅之說）

荅

歐陽知縣

頃因遊好（向子期思舊賦近想曩昔遊讌之好）知子弟之多賢（韓文房少尹墓誌幼
爲良子弟，老爲賢父兄）比辱行媒（曲礼男女不有行媒，不相知名）遂姻親之見及
南史王元規曰姻不失親，古人所（婣）欽承嘉命（文選揚祖德戢損，辱嘉命蔚矣其文）不獲[illegible]
辭（劉禹錫謝平章表再奉嚴旨不令固辭）令姪家訓有傳（文選陸家之訓）已夙[illegible]
於惠學其女姆儀雖闕亦粗謹於婦功（前注）遠遺金玉之

之音（詩白駒毋金玉爾音而有遐心）俾結絲蘿之好（古詩与君爲新婚菟絲附女蘿）同聲相應（易乾卦文言同聲相應）既諧鳴鳳之占陳義甚高（莊子屠羊說居処卑賤而陳義甚高）預有乘龍之喜

毛澤民

久衰之裔（論語甚矣吾衰也久矣）正當擁彗篲於華門（選家有彗篲莊子達生操拔篲以侍門庭亦何聞於夫子）夙契之緣乃得接餘波於雲漢（左傳二十三年其波及晉國者君之餘也詩倬彼雲漢爲章于天）賢郎知諸生學問之事（易乾卦學以聚之問以辨之）得公子信厚之風（詩麟之趾麟衰世之公子皆信厚）獲爲官僚（左文七年荀林父曰同官爲僚）兼及女弟（前漢李夫人李延年有女弟）厚以問名之禮辯其許嫁之纓（曲礼女子許嫁纓）重違難辭敬承多愧

趙將領（蔡宇）

鄉党近楚鬱夙高跨竈之風女可作門楣（天寶遺事云男不封侯女

作她君看女郎作即謁方切為家之願有來玉斧過擬金屏頓損嚙袖之嫌敢憚刈茗之訓度宛孤兄女曰芳將嫁宛乎乃刈荊茗為箕帚訓其女呼童烹鯉既聞書素之好音得婿如龍頓溢門闌之喜色

陳倅答趙敏公

負丞無狀韓文藍田縣丞廳壁記丞哉丞哉余不負丞而丞負余三年忝預於從遊惟德有鄰論語德不孤必有鄰二姓更通於姻好遽承委幣益佩斷金其官玉牒奇才已奮天潢之頭角王孫公十不僂自剛排縣則風分殺若木疏派天潢王固其女相門單緒本朝丞相秀国陳公之孫未閑婦職之嬪繁窺幕參軍之賢唐裴寬為潤州參軍太守韋詵見而奇之以女妻焉趙敏公子時為尸參將遂同承之托兎絲女蘿欣得其附雲戕露毅謹已拜嘉報聘甚微左宣十一年季文子初聘于齊周武子來報聘別幅以列

農工

一八〇

吳子厚代梢子娶牙郎

資身道路，馳聲兼善舞之能（史記長袖善舞多財善賈）；托跡江湖，較伎匪如神之妙（莊子操舟若神）。乃翁既識貴識賤，吾兒更知淺知深。久聞待價而沽，今亦相風而使。令女得意，莫若作暮雨朝雲之夢；某男快蹟柳岸，卧曉風殘月之天（楊柳岸曉風殘月　柳詞）。女必嫁如射利者，必貴乘時；男用婚若濟川者，必圖到岸。願合百年歡約，總歸一葉生涯（退之詩清相一葉舟）。

馬子仁

共處一廛，況同生業；合婚二姓，依議姻媾。信幸會之居多，宜好盟之愈篤。繳巾帛將意，正不在於多儀（書禮多儀儀不及物）；鳳凰于飛，當敬消於吉日。

又

居則同鄉念農工各尚其業誓言交好非婚姻莫見其情曩既通名今宜納贄況今女素閑於規矩（孟子大匠誨人必以規矩）而小男幼服於敷菑迹若異而用相資何幸夤緣之舍禮雖微而意殊厚謾憑幣帛之將

答

彭君禮

斧柯執伐援冀托於絲蘿脉絡貫通輝幸連於桑梓似因緣之有舊故臭味之相投聞賢孫素就師模切磋有道而稚女粗親婦職繩墨敢踰將諧居室之倫預卜宜家之慶重勤委貺敢不拜嘉

婚禮新編卷之十

再娶

陳簽判季生娶劉氏

雖孺子未達車馬盈門陳平宰社分肉甚均里父老善陳孺子之為宰平曰使平得宰天下亦如此肉家貧郭窮巷以席為門然門外多長者車轍荷周卿不忘婚姻以世左哀二年劉氏范氏世為婚姻注劉氏周卿士范氏晉大夫顧茲幸會莫匪夤緣小娘綽著婉儀適有鸞凰之怨毛詩草虫箋曰雄曰鳳雌曰凰其方求中饋吉符鳴鳳之占昔鄭辭齊為慚非偶今梁聘孟喜知賢後漢孟光四欲得賢如梁伯鸞者梁聞而聘之惟其莫續於斷絃博物志漢武帝時西海国有獻膠五兩者武帝射於甘泉宮帝弓弦斷西使乞以所進膠續之西使乃以口濡膠注斷弦兩頭弦遂相着曰可以射終日不斷帝大悅因名曰續弦膠故此願諧於鼓瑟詩妻子好合如鼓瑟琴因親不失語因不失其親既于我以有歸左隱文年仲子歸于我必

敬無違之孟子女子之嫁也母命之往送之門戒曰往之女家必敬必戒无違夫子當與子

以偕老姑修奠鴈行卜騖鸞鳥文選江文通別賦鸞鶴翔一漢縣齋鸞騰天又文篇蘭亭

歐陽知縣變似

逼桑榆之景方歎伶傳東都賦少伶俜而孤偏兮痛怓怛以怮心奉蘋藻之

羞正資賢淑偶幸一言之合遂聯二姓之歡今女蘭菊

芬芳唐陳崇業蘭菊異芳各有清芬冰霜高潔老杜氣纏霜合滿水置玉壺多早卜名

儒之配父閑中饋之儀雖栢舟懷自誓之心然桃夭著

及時之詠顧如衰朽乃敢攀援婦織夫耕東都賦女脩織紝男務耕

儻相安於寂寞男婚女嫁正有賴於扶持

彭公變

木石與居孟子居木石与鹿豕与遊竊幸桑榆之密迩絲蘿附援還

忘松栢之難攀因親蓋荷於仁言退省自知於天幸小

孫粗閒詩禮固無白璧珎藏今女素擅功容敢冀朱絃
復續輙憑媒介請締姻盟龜筮協從已奉千金之諾幣
帛將意庸修五兩之儀

連文舉

有時爲養萬章下娶妻非爲養也有時乎爲養自難堅曾子之言家語曾子出妻
終身不取其子元請焉曾子曰高宗以後妻殺孝已尹吉甫以後妻放伯奇吾上不及高宗中不及吉甫庸知
其免於非乎無子可從記郊特牲婦人從人者也幼從父兄嫁從夫夫死從子何必守
共姜之誓其人樂昌鏡缺將乎重圓陳太子舍人徐德言尚叔寶妹樂昌
公主陳政衰謂其妻曰国破必入權家儻情緣未斷尚冀相見乃破鏡人分其半約他日正月望日賣於都市
及陳亡其妻果爲楊越公得之德言後見人賣破鏡乃爲詩曰鏡与人俱去鏡歸人不歸無復姮娥影空留明
月輝樂昌得詩悲泣不已越公知之愴然召德言至還其妻因与德言樂昌戲別令樂昌爲詩曰今日甚迂次
新官對舊官笑啼俱不敢方信作人難某姪莊叟盆歌寧忘再醮莊子妻死惠子

跖之莊子質蹻跋盜跖而既往不咎語八佾付南柯一夢之長淳于棼家廣陵宅南有古槐棼豪飲其下因醉二友扶歸臥東廡夢二紫衣使者曰槐安國王奉邀隨二使上車入一穴中大城朱門題曰大槐安國有一騎傳呼曰駙馬遠降引棼升殿上見王王曰前奉賢尊命令女瑤芳奉事君子有仙姬數十奏樂執燭引導至一門號修儀宮一女子號金枝公主儼若神仙交驩成親情好日洽王曰吾南柯郡政事不理屈卿為守勅有司備公主行王戒公主曰淳于郎性剛好酒為婦之道貴在柔順尓善事之棼到郡省風俗察疾苦郡中大理凡二十載生五男二女公主遇疾薨棼請護喪歸國王與大夫素服哭于郊葬主于盤龍岡王曰卿可暫歸一見親族諸孫留此勿以為念復令二使者送出穴遂寤見家僮擁篲于庭二客濯足于榻斜日未隱西垣餘樽尚湛東牖出異聞集其新孔嘉詩東山符大椿八千之壽莊子逍遙遊上古有大椿以八千歲為春以八千歲為秋

王狀元龜齡

失羣自樂既同孤舞之鸞異苑罽賓王獲一鸞不鳴夫人曰鸞見類則鳴乃垂鏡以照之鸞覩影乃悲鳴而舞擇木而棲更類南飛之鵲文選古樂府月明星稀烏鵲南

飛澆樹三匝（无枝可依），刳茲再醮，光頼得人。伯鸞所以三十年而未婚（梁鴻），鍾離亦以七〻嫁而不售（列女傳：鍾離春，齊无鹽邑之女，自詣宣王曰：齊之不售女也）。小娘不遑恤緯（左昭二十四年：抑人有言曰：嫠不恤緯，而憂宗周之隕），聞偃蹇之頗多（孟光曰：妾亦偃蹇數夫矣）；其姪噓嗒仰天（莊子齊物篇：南郭子綦隱几仰天而噓，嗒焉如喪其耦），幸相逢之未晚（主父偃等上書言世務，天子召見曰：公等皆安在？何相見之晚也）。贈之以芍藥（詩溱洧），聊伸結髮之誠（蘇子卿詩：結髮為夫婦，恩愛兩不疑）；投我以木瓜，亦結同心之好。

陳縣尉朝端（代黃守為女[illegible]仲[illegible]再娶丁氏）

蘭佩如鎖，折瓊枝而可繼（離騷：折瓊枝以繼佩）；月宮已缺，藉玉斧以重脩（王荊公扇詩：玉斧脩成寶月團。詳見前注）。道或窮而必睽（易序卦：家道窮而必乖，故受之以睽，睽者乖也），物相遇而亦萃（易序卦：物相遇而後聚，故受之以萃，萃者聚也）。令女夙遵儆戒，恪守幽閑，雖已承雲覆之光（文選寡婦賦：承慶雲之光）

覆兮荷君子之患遷奈忽起芝焚之歎文選歎逝賦嗟芝焚而蕙歎注同類相感也而某甥其實吾家之宅相乃秀國之孫枝陳秀公之孫亦伉儷之偶忝致蘋蘩之失助既情同而事類宜好結以盟修儻見謂外孫之可依則願以諸孤爲託當撫存而爲念躬本慈愛以惟均雖賢德有不待言然私憂豈無太過儻從此請誠二家莫大之休以延其光績百世不窮之好

答孫尚書 仲益

婚姻之合有初方軫楚弓之念家語好生篇楚恭王出游亡烏嗥之弓左右請求之王曰止楚王失弓楚人得之又何求之孔子聞曰惜乎其不大也不曰人遺弓人得之而已何必楚也宿昔之姻未改舉欣趙璧之歸史記藺相如傳趙惠文王得楚和氏璧秦昭王聞之使人遺趙書願以十五城易之宦者令繆賢薦藺相如奉璧入秦相如視秦王无意償趙城乃詐曰璧有

（瑕請指視王，王授璧。相如持璧却立倚柱，怒髮衝冠，謂秦王曰：大王欲得璧，發書至趙，趙王欲不予，臣以爲不可以一璧之故逆彊秦之歡。於是趙王使臣奉璧於庭。今大王見臣礼節甚倨，臣觀大王无意償趙城邑，故臣復取璧。大王必欲急臣，臣頭与璧俱碎於柱。秦工恐其破璧，乃辞謝固請。相如度秦王决負約不償城，乃使其從者衣褐懷璧，從逕道歸璧于趙。）族黨交驩，里閭賛喜。其官勳列名臣之世，文章後學之宗。眷比春秋鼎盛之時（賈誼傳：春秋鼎盛。注：鼎，方也。），獨見松栢後凋之操（語：歲寒知松栢之後凋也。）。某女復嗣奉匜之薦（左僖二十三年：重耳歸晉，至秦，秦伯納女五人，懷嬴与焉，奉匜沃盥。昭六年：求婚薦女。），庶幾舉按之恭。薪楚之束綢繆（詩：綢繆束薪，三星在天。今夕何夕，見此良人。綢繆束楚，三星在户。），不替青氈之舊（晉王獻之夜卧齋中，有偷人入室，盗物都尽。王徐曰：青氈我家舊物，可特置之。羣盗驚走。）。琴瑟之鳴和應，宜同白首之歸（潘安仁金谷集作：投分寄石友，白首同所歸。）。

又族妹再適張丞

鄭通德之門在望注前竊懷附驥之榮傳孝廉之室父虛

晉傅玄郡上計吏舉孝廉不就楚有道女有淑德玄求爲繼室敢備續貂之手晉趙王倫篡位

奴卒廝役加以爵位每朝會貂蟬盈坐時人曰貂不足狗尾續其官漢金章之華胄漢書

曰功臣之家唯張氏金氏親近貴寵比於外戚說文胄裔也唐燕許之故家唐蘇瓌爲僕射

封許國公子頲弱冠敏悟一覽輒誦襲封許國公張說以賢良對策一爲中書令封燕國公並以文章顯時號

許燕大手其官冷枕流晉孫楚謂王濟曰當欲枕石漱流誤云漱石枕流濟曰流非可枕石非可

漱楚曰所以枕流欲洗耳所以漱石欲厲其齒其門寒映雪孫氏世錄曰康家貧無油常映雪讀

書烏夜啼而三繞前注脊梁木之何依檀弓上孔子歌曰泰山其頹乎梁木其

其壞乎哲人其萎乎子貢聞之曰泰山其頹則吾將安仰梁木其壞哲人其萎則吾將安放雉朝雊

以雙飛詩小弁雉之朝雊尚求其雌韓文齊宣王時犢牧子七十無妻見野雉雄雌相隨感之作雉朝

飛操云嗟我雖人曾不如彼雉雞牛身七十年无一妾与此屬商弦之屢叩文選燕歌行賤

妾煢煢守空房憂來思君不敢志覓淚下霑衣裳援琴鳴弦發清商不聘婦有如孟德雖

一九〇

其亦可哉擇對而得温太眞豈吾望者雖重牽流舟之

守析舟詎敢忘斧按之恭

陳簽判 李陞

貧女無堪素甘藜藿曹子建七啓子甘藜藿未下此食賢德弥邵楊子曰年

弥高德弥劭豈謂桑榆願繼夫人起家鵲巢夫人之德也國君積行累功以致爵

位夫人起家而居有之期與君子偕老文欽作者禮倍燦然天下

達尊者三非齒德莫與其列孟子公孫丑下天下有達尊三爵一齒一德皇

極用福有五唯富壽實為之先洪範嚮用五福一曰壽二曰富衆美既

兼一身有賴

彭應期

契分相投唐㬢言李摯与李敏詩因緣二紀異契分四般同豈愧身生之晚崔氏

詩自恨妾身生較晚不見盧郎年少時奩緣默定用諧好合之歡願力變

於有家大敢懷於非偶其人声猷允著槐夢方靈其女儀訓久閑膠弦宜續種玉既知其有日積新孰謂其無從（前漢汲黯曰陛下用群臣如積薪耳後來者居上）桃李更春又是一番之新慶（政和中一中貴使回得詞於古碑無名无譜録以進御命大晟府塡腔用詞中語賜名魚游春水其略曰鶯囀上林魚游春水幾曲欄干倚遍又是一番新桃李丈瑩江文遍別離攀桃李芍不忍別注桃李喻夫妻也）鳳凰叶卜可觀百世之于飛

又

聲跡相聞喜桑陰之伊迩（唐贊桑陰不徙而大功立）禽緣默契偶蘭臭之欣同溝流紅葉本自無心琴斷朱絃固宜有托某人過有陽城之俊（唐陽城年長不娶）受室未諧某女固無卓氏之才宜家有待曩荷冰人之語獲攀玉婿之賢（玉婿玉潤）以其妻之求爲好也雙魚尺素既承將意之勤五兩十端

敢後拜嘉之至

黃元壽代楊道和荅劉文伯

塊處水東文選塊然獨處楊道和居建陽縣地名水東陋矣一區之宅揚雄傳有田一墨有宅一區仙居沙市劉文伯居建陽縣麻沙鎮富哉鴻寶之書前漢劉向傳淮南有枕中鴻寶苑秘書劉更生父德治淮南獄得其書更生幼而讀誦以爲奇獻之此言劉文伯宅開書坊也幸聯瓜葛之親喜遂絲蘿之托其人士林杞梓後漢儒士成林晉二陸贊陸機陸雲寔荆衡之杞梓儒席璠璵禮記儒行儒者有席上之珍揚子寡見或問良玉不雕曰玉不雕璠璵不成器三箭曾定於天山唐薛仁貴三箭定天山言劉文伯發三舉快捷音之屢奏百兩有光於韓士詩韓侯取妻百兩彭彭不顯其光此樂韓士以中饋之久虛其妹必失嫺儀粗閑婦職謂不能安其室詩凱風雖有七子之母猶不能安其室夫豈然哉而思歸唁其兄載馳許穆夫人作也云云思歸唁其兄又義不得或不因亦遠勞將聘姑効主盟

義雖慚於三從禮當成於再醮

吴叔才　代胡氏答

弱息伶傳文選潘岳寡婦賦少伶傳而偏孤兮方歎玉簪之折白氏井底引銀瓶歌
石上磨玉簪玉簪欲成中央折斧斤荐至脩成寶月之團王荆公翁詩玉斧脩成宝
月團亟來鴻鴈之書卜協鳳凰之吉敬聞嘉命其可固辭
某女但刺綉文史記貨殖傳刺綉文不如倚市門此似有譏諷自慚非其將種
晉胡貴嬪名芳奮之女武帝與之樗蒲爭矢傷上指帝怒曰此固將種也某官將趍仕路人
皆羨其老郎劉原父再娶劉公詩戲曰洞裏新花莫相笑劉郎今是老劉郎既勞傳說
之和羹說命若作和羹尔惟鹽梅代者姓傳敢對蓋公而失色柳仲郢有妾失意鬻
之成都盖巨源取置其家一日有鬻綾羅者從窻下過盖公於中選擇柳婢見之失色偃化翌日瘳曰某雖賤
人曾爲柳家細婢死則死矣安能事賣綃牙郎唯釋之之貲厚前漢張釋之以貲爲騎郎宜
趙女之遠依史記貨殖傳今夫趙女鄭姬設形容揳鳴琴揄長袂躡利屣目挑心招出不遠千里

[illegible]老少諸富厚也楊之稊楊之華兩無所愧易大過九二枯楊生稊老夫得其女妻無不利象曰老夫女妻過以相與也九五枯楊生華老婦得其士夫無咎無譽象曰枯楊生華何可久也老婦士夫亦可醜也桃之夭桃之實益顯宜家恭承幣帛之將愧之瓊瑤之報

翁丞代答夏宜言元老

長安少年曾墮鞭而立馬天寶中滎陽公子應舉之長安遊東市見一娃隱青衣推立姿色絕代停驂徘佪不能去詐墜鞭於地候從者取之歸訊其故知爲李娃宅餘娃門侍兒見生入大呼曰前時遺策郎來也夏宜言議婚之初蓋嘗立馬聽於翁氏之壁故云臨邛佳客亦廣坐以調琴雖人事之由來本膏緣之有自其人文儀表乃整素多杜牧之詩情杜牧太和末往遊湖州刺史崔君張水戲兩岸觀者如堵忽有里姥引鬟髻女子年十餘歲眞國色也將致舟中姥女皆懼牧曰且不即納當爲後期吾十年必爲此郡若不來乃從所適因以重幣結之洎周墀入相牧上箋乞守湖州比至郡則十四年所約之姝已從人三載而生三子牧被召之夫

毋懼其見奪携手勿以蕭毋曰向紛十年不來而後嫁已三年矣妝曰其辭直強之不許乃亂禮之爲悵別詩曰自是尋春去路遲不須惆悵怨芳時狂風落尽紅花色茂綠成陰子滿枝異宜言圓流有素故云瞿情其女婦德温柔但乏之若蘭之才思晉竇滔妻蘇氏名恩字若蘭滔將堅時爲秦州刺史被徙流沙蘇氏思之織錦爲迴文旋圖詩以寄滔宛轉循環以讀之詞甚悽惋凡八百四十字弦斷要資於膠續鏡離將共於人歸和鳴叶飛鳳之占求爲好也喜氣多乘龍之近迨其吉兮

贊

張全真

二姓之合蓋重婚姻四海之人孰非兄弟子夏曰四海之内皆兄弟也君子何患乎无兄弟也惟是贅居之俗出乎霸世之餘然義士因或非之表歛与給與王書曰七年之中一与一奪義士猶或非之故流風猶有存者公孫丑上流風善政猶有存者其姪嶔崎可笑世說周伯仁道栢茂倫嶔崎歷落固可笑人也

魯鈍無能（老杜憶昔詩：小臣魯鈍無所能）幾同蜀客之倦遊（司馬相如傳：長卿故倦遊）屢歎馮生之無室（馮驩彈鋏歌：長鋏歸去乎，無以為家）令女幽閑素節（選顏延年詩：姚彼幽閑女，作嬪君子室。峻節貫秋霜，明艷侔白日）孝養騰芳（前史諸暨屠氏女，父失明，母痼疾，女晝採樵，夜紡績以供養。鄉里多欲娶之，女亦无兄弟，誓守不嫁）待舅姑以如賓，諒諧素志（冀缺耨，其妻饁之，相待如賓）嗣中郎而傳業，豈廢初心（前注）敢托良媒，願聞嘉命

陳桂卿

度情度類（荀子非相：以情度情，以類度類）不慚爲偶之非，相應相求，輒效秦人之出，雖物不可苟合也（序卦：物不可以苟合而已，故受之以賁）然仁亦在乎熟之（孟子告子上：五穀種之美者也，苟為不熟，不如荑稗云云）令女戀鳥影暫虧，猶苦發居之節（節上六：苦節，貞凶，悔亡）其姪盆歌罷能鼓（莊子：妻死，惠子弔之，莊子方箕踞鼓盆而歌）尚乖主饋之人，昨憑青鳥之音遽辱

黄金之諾過相与也休論乎楊生稱楊生華迨其吉兮寧拘乎梅實三梅實七（摽有梅其實七兮求我庶士迨其吉兮其實三兮）庸講問名之禮庶成合巹之姻（昏義共牢而食合巹而酳所以合體同尊卑以親之也）

答

黄元壽（弟先娶其女兄後娶其母）

誓而弗許慮無補於桑榆惠然肯來（終風且霾惠然肯來）期共安於藜藿（曹子建七啓子甘藜藿未暇此食）曾是潘楊之睦復爲秦晉之歡雖云人力相資抑亦天時有待子母是爲妯娌弟兄爰作壻翁從古以來于今創見會言不遠佇期馬之臨聘禮拜嘉愧乏瓊瑤之報

彭君禮

癡年向晚方爲佚老之謀（莊子太宗師大塊載我以形勞我以生佚我以老）息

女未笄遂有致夫之願劉向曰婦人君之女不可居而致夫必出嫁而從夫偶承

媒妁求締姻婕必壯而出贅從古而然而老有所依於

吾何幸此時莫隅既堅金石之盟晉贊負陶回規過言同金石異日乘

龍當溢門闌之喜

娶妾

陳桂卿

使君自有婦秦羅敷行使君自有婦羅敷自有夫牽須昭華環李之多山谷另竹夫人曰青奴作詩曰環李四弦風拂席昭華三弄月侵床我无紅袖堪娱夜正要青奴一味凉環李昭華貴人家二妾也牧犢子無妻韓文牧犢子七十无妻見野雉雌雄相隨感之作雉朝飛操思

得樊素小蠻之寵白居易妾詩櫻桃樊素口楊柳小蠻腰損有餘而補不

足老子天之道損有餘補不足非盛德者其孰能表記非至德其孰能如此乎與

其妻之於閨閫負販之夫曲礼雖負販者必有尊也孰若移之於風

月平章之佁雖云側室（宋何長瑜詩堕展染白髮欲以媚側室青青不解久星星行復出）其寶專房（晉胡貴嬪最蒙愛幸殆有專房之寵）抱不假於衾裯（詩小星夫人無妬忌之行惠及賤妾進御於君抱衾与裯寔命不猶）爲豈尊於箕箒（前漢高帝紀呂公曰臣有息女願爲箕箒妾）淺斟低唱雖無帳下羔兒之歡（陶穀買党太尉家妓遇雪陶取雪水烹團茶謂妓曰党家應不識此妓曰彼麄人安有此但能於銷金帳中淺斟低唱喫羊羔兒酒陶默然慚其言）痛惜深憐且免河東獅子之吼（西清詩話東坡謂居黃岡与陳季常遊季常自以飽參禪學其妻柳頗悍忌季常畏之客至或詬罵声聞于外客不安席引去東坡詩戲之曰誰似龍丘居士賢談空說有夜不眠忽聞河東獅子吼拄杖落手心茫然）

答

江文卿姪婦娉妾解氏

昔年買笑（劉禹錫泰娘歌言買笑直千金）自曾捐一斛之珠（唐喬知之綠珠怨詩石家金谷重新聲明珠十斛買娉婷）今日從良（古今詞話錢氏詞云我曾見浪子從良）所得

[illegible][illegible]魚之素（前注）以奉承先之祀（詩采蘋大夫妻能循法度則可承先祖共祭祀矣）當行合姓之儀其義女思人猶及甘棠（左定九年詩云蔽芾甘棠勿翦勿伐召伯所茇思其人猶愛其樹况用其道而不恤其人乎）豈怒水中之蟹（晉趙王倫以宿憾收解系兄弟梁王肜救之倫怒曰我於水中見蟹且惡之况此人兄弟輕我耶）其人娶妻而賦韓奕（左成八年伯姬歸于宋季文子如宋致女復命公享之賦韓奕之五章）方求鏡裏之鸞（異苑罽賓王獲一鸞三年不鳴夫人鸞見類則鳴乃垂鏡以照之鸞覩影乃悲鳴而舞言孤鸞見自景謂其雌也詩話）已既有行媒知名是將與君子偕老（君子偕老刺衞夫人之德也故陳人君之德服飾之盛宜与君子偕老也）人亡琴廢（晉王獻之卒徽之歎曰嗚呼子敬人琴俱亡）重于燕燕之悲（燕燕衛莊姜送歸妾也）春盡絮飛（白樂天放妾楊枝劉夢得詩云春盡絮飛留不得隨風好去落誰家）付尒卿卿之愛（世説王安豐之婦常卿安豐安豐曰婦人卿婿於礼爲不敬後勿復尒婦曰親卿愛卿是以卿卿我不卿卿誰復卿卿）

李知縣（石才黄察院妾嫁王元明）

主貴鼎新來吳都賦高門鼎貴山谷次韻子瞻武昌西山詩寫言勇嶸嶸今鼎來臣衡傳无說詩臣鼎來曾侍柏臺之華橣朱博爲御史大夫其府中列柏樹鵶宣妻柏曰大人使賤妾侍執巾櫛子榮聿至復從花縣之安輿潘岳爲河陽令樹桃李人号曰河陽一縣花岳閑居賦太夫人乃御版輿升輕軒遠覽王畿近周家園二事俱遠一身何托賴不遺於葑菲庶少補於桑榆後漢馮異失之東隅失之桑榆往事休論筭槐穴一巡之夢前注新歡是祝伴緱山不老之春王喬告其家人曰七月七日待我於緱山頭及期果爲白鶴謝時人去王元朗自号緱山老人故也

娶倡

江宗院代漁者娶娼賣酒

朝雲暮雨高唐夢千古虛傳文選高唐賦序昔者楚先王嘗遊高唐怠而晝寢夢見一婦人曰妾巫山之女爲高唐之客聞君遊高唐願薦枕席王因幸之去而辭曰妾在巫山之陽高丘之阻旦爲朝雲暮爲行雨朝朝暮暮陽臺之下落花流水武陵溪千今再見陶淵明桃

花源記晉太元中武陵人捕魚爲業緣溪而行忽逢桃
花夾岸落英繽紛漁人異之復前欲窮其源便得一山
山有小口捨船從口入豁然開朗土地平曠屋舍儼然
良田美池阡陌交通男女衣著悉如外人見漁人乃大
驚問所從來具荅之便要還家爲設酒殺雞作食停數日辭去自有柳條能繫戎昱与浙西妓
詩好去春風胡上亭柳條藤蔓繫人情古今詩話何煩桐葉爲媒見媒氏門流紅記便
應求效鴛鴦蜀郡臨邛富人卓王孫女文君年十七新寡好音司馬相如飲卓氏弄琴而以琴心
挑之詩云何由交頸爲鴛鴦休歎不如桃李張子野与尼相約有詞云沉思細恨不如桃李
猶解嫁春風小娘昔高明玉妓詞窈窕高明玉風流鄭李莊一時分散水雲鄉注高瑩鄭容
皆南徐名妓想無心玳瑁之筵張又新郎中嘗致情廣陵一歌妓而終未果二十年後道
由廣陵其妓猶在時李紳鎮淮南宴飲作一絕命妓歌曰雲雨分飛二十年當時求夢不成眠今來頭白重相
見還上襄王玳瑁筵某男今謝三郎鈎魚船上謝三郎双鬢已蒼著亦何意珊瑚
之樹杜詩鈎竿欲拂珊瑚樹中情果然相好離騷苟中情其修好兮又何必用夫良媒
短因豈復更歌太平廣記鮑生有二妓過外弟韋生有良馬鮑出妾勸酒韋請以馬換妾鮑許

以抱胡琴若仍命歌以送酒曰風飄荷珠誰暫圓多生信有短因緣西樓今夜三更月還照離人泣斷絃文君若肯當壚長卿何妨滌器卓文君夜亡奔相如相如乃与馳歸成都家徒四壁立文君父之不樂謂長卿曰第歸臨卭從昆弟假貸猶足以爲生何至自苦如此相如与俱之臨卭尽賣車騎買一酒舍酤酒而令文君當盧相如自着犢鼻褌滌器於市況是蟠桃正熟已經兒子三嘗西王母以蟠桃五枚啖漢武帝帝食之留核母曰用之何爲曰欲種之母笑曰此桃一千年開花三千年著子非下土所種俄東方朔窺窻帝驚問何人母曰是汝侍郎東方朔我鄰家小兒子也曾三來偷桃今茲楊柳尚青不許他人再折韓翃与鄰居李生友善每將娼妓柳氏至其居必邀韓同飲謂韓曰公當今名士柳當今名色名色配名士不亦可乎卒以柳与之明年翃擢第淄青節度使辟爲從事韓以世方擾不敢以柳同行置之都下歲餘盜覆二京士女奔駭柳乃剪髮爲尼韓遣使間求柳以囊盛麩金題曰章臺柳章臺柳昔日青青今在否縱使長條依舊垂也應攀折他人手

答江清卿

寫素懷於紅葉詩付洄瀾流紅記見廟定門傳芳信於青鸞亦為遠

還喬木青鳥事見媒氏門往事即今如夢潘閬詩須信百年都似夢莫嗟萬事不如

人詩話此身到處為家坡詞臨江仙云溪山好處便為家既矍鑠之有餘

後漢武威將軍劉尚擊武陵溪蠻深入軍沒馬援請行時年六十二帝愍其老未許之援曰臣尚能披甲上馬

帝令試之援據鞍顧眄以示可用帝笑曰矍鑠哉是翁也注勇皃也宜飄零之有賴古今詞話

成都妓尹溫儀溫郫籍長乞除籍賦浣溪沙云父兄世業傳儒素們事失身非類若蒙化筆一吹噓免使飄

零飛絮户有緣千里合神仙傳有緣千里合無緣對面不相逢幾多流水高山

呂氏春秋伯牙鼓琴志在高山鍾子期曰巍巍乎志在流水曰湯湯乎子期死伯牙絶絃破琴終身不復鼓之

便作百年期梵志詩人無百年期強作千年調何限朝雲暮雨

請期

陳桂御

種玉無材向叨聯於五線諾金何幸茲竊請於三星報

慿鴈幣之恭，溥脩魚軒之飾[左閔二年夫人魚軒注以魚皮爲之]匪曰室家之願，有正惟男女之及時。敢以是月季冬其日丁丑冰兮未泮[匏有苦葉士如歸妻迨冰未泮]葺也可杭[詵謂河廣一葦杭之]俟於著俟於堂[著刺時不親迎也俟我於著乎而俟我於堂乎而]實起三薰之敬[前注]從如雲從如雨[敝笱齊子歸止其從如雲其從如雨]佇期百兩之將[鵲巢之子于歸百兩將之]

丁潮州

標梅七實，樂有願於及時[前注]御輪三周，禮將行於親迎[昏義父醮子而命之迎男先於女也降出御婦車而婿授綏御輪三周先俟于門外婦至婿揖婦入]諒結縭之已備，褧衣錦以來歸[丰詩裳錦褧裳衣錦褧衣叔兮伯兮駕言与歸]幸無歸妹之愆期[歸妹愆期遲歸有時]以正家人之大義[家人女正位乎內男正位乎外男女正天地之大義也]謹因氷夢拱俟玉音[前漢終軍曰拱而俟之耳]

答

陳簽判 李陞

三龜協吉將諧合姓之歡六禮展親遽辱請期之命荐膺貺意殊愧私心顧結縭之戒猶踈故施紝之儀尚闕月應黃鍾之候未卜芳辰律旋太呂之初願伸嘉約已兆陳人之鳴鳳共欣元氏之乘龍悚感居多敷宣罔旣

熊知縣

同氣相求嘗辱五雲之貺尋盟有請復勤雙璧之遺勞介紹之翩飛佩情文之優渥既出所賜敢不拜嘉迨其吉兮書已諧於月老會言近止礼行及於星期

詹景丹

頃以女弟擇所宜從伏承賢郎久茲卜偶既辱緜緡之

下釣何彼襛矣其釣維何維絲伊緡竊喜松蘿之有依復桂嘉音預期親迎燦然幣帛已承厚意之將宜其室家敢後于飛之約

婚礼新編卷之十

杜欽

前漢杜欽曰擇有行義之家求淑女之質毋必有聲色

管子

管子白心篇滿盛之家不可爲婚

郭后

魏文德郭后外親劉斐與他國爲婚后聞之勑曰諸親戚嫁娶自當與鄉里門户匹敵者不得因勢强與他方人婚也

白氏詩

天下無正聲悅耳則爲娛人間無正色悅目即爲姝顔色非相遠貧富則有殊貧爲時所棄富爲時所趍紅樓富家女金縷綉羅襦見人不斂手嬌癡二八初見兄未

糊口已嫁不須臾緣念貧家女寂寞二十餘荊釵不直錢衣上无真珠幾回人欲聘臨日又踟躕主人會良謀置酒滿玉壺四座且勿飲聽我歌兩途富家女易嫁嫁早輕其夫貧家女難嫁嫁晚孝於姑聞君欲娶婦娶婦意何如

程氏遺書

程氏遺書曰世人多謹於擇婿而忽於擇婦其實婿易見而婦難知所繫甚重豈可忽哉

邵康節詩

邵康節詩曰人之娶妻緣容儀儻或生子不阜則嬰[illegible]

又

又曰娶婦娶柔和嫁夫嫁才美安得正婦人作配[illegible]

子

胡先生

胡先生遺訓曰嫁女必須勝吾家者娶婦必須不若吾家者或問其故曰嫁勝吾家則女之事人必敬必戒娶不若吾家則婦之事舅姑必執婦道

溫公

司馬溫公曰凡議婚姻當先察其婿與婦之性行及家法如何勿苟慕其富貴婿苟賢矣今雖貧賤安知異時不富貴乎苟爲不肖今雖富貴安知異時不貧賤乎孔子謂南容邦有道不廢邦无道免於刑戮以其兄之子妻之彼行能有過人者故邦有道不廢也寡言而謹事故邦无道免於刑戮也擇婿之道莫善於是矣婦者家

之所由盛衰也苟慕一時之富貴而娶之彼挾其富貴鮮有不輕其夫而傲其舅姑養成驕妬之性異日爲患庸有極乎借使因婦財以致富依婦勢以取貴苟有丈夫之志氣者能无愧乎又世俗好於襁褓童幼之時輕許爲婚亦有指腹爲婚者及其既長或不肖无賴或有惡疾或家貧凍餒或喪服相仍或從宦遠方遂至棄信負約速獄致訟者多矣是以先祖太尉嘗曰吾家男女必俟既長然後議婚既通書不數月必成婚故終身无此悔乃子孫所當法也

又

文中子曰婚娶而論財夷虜之道也夫婚姻者所以合二姓之好上以事宗廟下以繼後世也今世俗之貪鄙者

將娶婦先問資裝之厚薄將嫁女先問聘財之多少至於立契約云某物若干某物若干以求售其女者亦有既嫁而後欺紿負約者是乃駔儈鬻奴賣婢之法豈得謂之士大夫婚姻哉其舅姑既被欺紿則殘虐其婦以攄其忿由是愛其女者務厚資裝以悅其舅姑殊不知彼貪鄙之人不可盈厭資裝既竭則安用汝女哉於是質其女以責貨於女氏貨有盡而責無窮故婚姻之家往往終為仇讎矣是以世俗生男則喜生女則戚至有不舉其女者用此故也然則議婚姻有及於財者皆勿與為婚姻可也

黃山谷

山谷與俞清老書曰男女婚嫁緣渠墮地自有衣食

分齊曾云云今歲旦冒終日止爲百草憂春雨耳

雜儀

禮記婚義

婚禮者將合二姓之好上以事宗廟下以繼後世也故君子重之是以婚禮納采問名納吉納徵請期皆主人筵几於廟而拜迎於門外入揖讓而升聽命於廟所以敬謹重正婚禮也父親醮子而命之迎男先於女也子承命以迎主人几筵於廟而　拜迎于門外婿執鴈入揖讓升堂再拜奠鴈蓋親受之於父母也降出御婦車而婿授綏御輪三周先俟于門外婦至婿揖婦以入共牢而食合巹而酳所以合體同尊卑以親之也所以成男女之別而立夫婦之義也夙興婦沐浴以俟見質明

贄見婦於舅姑婦執笲棗栗段脩以見贊醴婦婦祭脯醢祭醴成婦禮也舅姑入室婦以特豚饋明婦順也厥明舅姑共饗婦以一獻之禮奠酬舅姑先降自西階婦降自阼階以著代也成婦禮明婦順又申之以著代所以重責婦順焉也婦順者順於舅姑和於室人而后當於夫以成絲麻布帛之事以審守委積蓋藏是故婦順備而后內和理內和理而后家可長久也是以古者婦人先嫁三月祖廟未毀教于公宮祖廟既毀教于宗室教以婦德婦言婦容婦功教成祭之牲用魚芼之以蘋藻所以成婦順也

郊特牲

夫昏禮萬世之始也取於異姓所以附遠厚別也幣必

誠辭無不腆告之以直信信事人也信婦德也一與之齊終身不改故夫死不嫁男親迎男先於女剛柔之義也天先乎地君先乎臣其義一也執摯以相見敬章別也男女有別然後父子親父子親然後義生義生然後禮作禮作然後萬物安無別無義禽獸之道也婿親御授綏親之也親之也者親之也敬而親之先王之所以得天下也出乎大門而先男帥女女從男夫婦之義由此始也婦人從人者也幼從父兄嫁從夫夫死從子夫也者以知帥人者也玄冕齊戒鬼神陰陽也將以爲社稷主爲先祖後而可以不致敬乎共牢而食同尊卑也婦人無爵從夫之爵坐以夫之齒厥明婦盥饋舅姑卒食婦餕餘私之也舅姑降自西階婦降自阼階授之

室也婚禮不樂幽陰之義也樂陽氣也婚禮不賀人之序也

哀公問

禮敬爲大敬之至矣大婚爲大大婚既至冕而親迎親之也是故君子興敬爲親舍敬是遺親也哀公曰冕而親迎不已重乎孔子曰合二姓之好以繼先聖之後以爲天地宗廟社稷之主君何謂已重乎天地不合萬物不生大婚萬世之嗣也君何謂已重乎三代之政必敬其妻子也有道妻也者親之主也子也者親之後也敢不敬與

親迎

夏公如齊逆女何以書親迎禮也其禮奈何曰諸侯以

屨二兩加琮大夫庶人以屨二兩加束脩曰某國寡小君使寡人奉不珍之琮不珍之屨禮夫人貞女夫人曰有幽室數辱之産未諭於傅母之教得承執衣裳之事敢不敬拜祝祝答拜夫人受琮取一兩屨以履女弁衣裳而命之曰往矣善事尔舅姑以順爲正無二尔心無敢固也女拜乃親引其手授夫引手出户夫行女從拜辭父于堂拜諸母于大門夫先升輿執轡女乃升輿轂三轉然後夫下先行大夫士庶人稱其父曰某之父某之師友使某執不珍之屨不珍之束脩敢不敬禮某氏貞女母曰有草茅之産未習織紝紡績之事得奉執箕帚之事敢不敬拜 劉向說苑

儀礼曰婦人三月乃奠菜以篚祭用樫祝曰某氏來歸敢奠菜于皇舅姑婦拜扱地扱地猶男子稽首也

鄭忽

隱公七年鄭公子忽在王所故陳侯請妻之鄭伯許之乃成婚八年四月鄭公子忽如陳逆婦嬀氏歸入于鄭陳鍼子送女先配而後祖鍼子曰是不爲夫婦也誣其祖矣非禮也何以能育注逆婦必先告祖而後行故楚公子圍告莊共之廟鄭忽先逆婦而後告祖廟故曰先配後祖

臣讓三殺

漢京房女適翼奉子奉擇日迎之房以其日爲不吉以三殺在門故也三殺者謂青羊烏雞青牛之神也凡是

三者在門新人不得入犯之損尊長及無子奉以謂不然婦將至門但以穀豆及草禳之則三殺自避新人可入也自是以來凡娶婦皆置草于門閫内下車則撤穀豆既至蹙草于側而入今以爲故事

酉陽雜俎

酉陽雜俎曰近世婚礼當迎婦以粟三升塡臼以席一枚覆井以枲三斤塞窻以箭三隻置户上婦上車壻騎而遶車三匝女嫁之明日其家作黍臛女將上車以蔽膝覆頭向將入門舅姑以下悉從便門出更從門入言當躪新婦跡婦入門先拜豬甑世俗相傳莫究其義惟納采九物義乃可見膠漆取其合密綿絮取其温柔蒲葦取心可屈可伸也嘉禾分福也雙石義在兩固也

入帳

又曰士大夫家婚礼露施帳謂之入帳北方婚礼用青布幔為屋謂之青廬於此交拜以竹杖打婿為戲有至大委頓者

女坐鞍

蘇氏演義曰唐曆云国初婚姻之礼皆胡虜之法也坐女於馬鞍之側此胡人尚乗鞍馬之義也酉陽雜俎曰今士大夫家婚新婦乗馬鞍悉北朝之餘風也今娶婦家新人入門跨馬鞍此其始也

婿坐鞍

劉岳書儀婚礼有女坐婿之馬鞍父母為之合髻之礼不知何義據岳自序云以時之所尚者益之則是當時

流俗之所爲也當五代干戈之際礼樂廢壞不暇講求三王之制度苟取一時世俗所用儀式略整齊之固不足爲後世法矣然而後世猶不能行之今岳書儀十已廢其七八其一二僅行於世者皆苟簡粗畧不如本書就中轉失乖謬大爲可笑者坐鞍一事尔今之士族當婚之夕以兩椅相背置一馬鞍反令壻坐其上飲以三爵女家遣人三請而後下乃成婚礼謂之上高坐凡婚家舉族内外姻親男女賓客堂上堂下竦立而視若惟婚上高坐爲盛礼尔或有偶不及設者則相与悵然咨嗟以爲闕礼以乖謬至於如此今雖名儒巨公衣冠舊族莫不皆然嗚呼士大夫不知礼法而与閭閻鄙俚同其習見而不知非者多矣（歸田錄）

合歡鈴

通典鄭衆言婚禮有合歡鈴取音和諧九子墨墨取生長子孫

九子墨

文房四譜有九子之墨祝婚者多子善祝之義也祝曰九子之墨藏於松煙本姓長生子孫無邊

薦石榴

北齊安德王延宗納李祖女爲妃母宋氏薦二石榴於帝前帝莫知其意魏收曰石榴房多子王新妃母欲子孫衆多帝大喜

餪女

邵氏聞見録云宋景公子納婦三日其婦家饋食物書

云以食物餪女公曰餪字錯用從食從耎而從大其子退撿字書博雅中出餪字注云女嫁三日餉食以餪女

結髮

今世婚礼有結髮一事取夫与婦髮合而結之古無有也伊川程氏曰婚礼結髮其無意義欲去久矣不能言結髮爲夫婦者只是少小也如結髮事君結髮与匈奴戰豈謂合髮哉伊川既言非義欲訂正之而至未能革豈非習俗之久未易遽革耶蘇子卿詩結髮爲夫婦恩義兩不疑曹子建詩結髮辭嚴親來爲君子仇杜子美詩結髮爲妻子席不煖君床梅聖俞詩結髮事君子亦後未嘗分皆謂結髮少小之時也藝苑雌黄

當淥年

晉張華感婚賦曰彼婚姻之俗忌惡當梁之在斯注俗以子午卯酉年謂之當梁年其年娶婦舅姑不相見唐禁之

婚夜以合

唐陽城公主再嫁薛瓘初嫁太宗使卜之繇曰二火皆食始同榮末同戚請晝婚則吉馬周論曰婚合以夜思相親也乃止

白虎通

白虎通曰男娶女嫁者陰卑不得自專就陽而成之故曰陽唱陰和男行女隨嫁女之家三日不絶火相思離也娶婦之家三日不舉樂感親年衰老代至也娶妻不先告廟必三月奠采于廟者三月一時物有成者人之

善惡可得知也然後可以行事宗廟之礼

禮制

媒氏

周礼媒氏掌萬民之判男女自成名以上皆書年月日名焉令男子三十而娶女二十而嫁凡娶判妻入子者皆書之中春之月會男女於是時也奔者不禁若無故不用令者罰之　男女之无夫家者而會之

勾踐

國語越王勾踐令國中壯者無取老婦老者無取老妻女子年十七不嫁丈夫二十不取者父母有罪欲人民繁息也

王吉曰夫婦人倫之大綱夭壽之萌也世俗嫁娶太早未知爲父之道而有子是以教化不明而民多夭聘妻送女亡節則貧人不及故不舉子

杜欽

杜欽曰男子五十好色未衰婦人四十容貌改前以改前之容貌待於未衰之年而不以禮爲制則其原不可救

宣帝

前漢宣帝詔曰夫婚姻之禮人倫之大者也酒食之會所以行禮樂也今郡國或擅行苛禁禁民嫁娶不得具酒食相賀召由是廢鄉黨之禮令民亡所樂非所以道民也

任延

後漢任延爲九眞太守以駱越之民無嫁娶禮法各因淫好無適對匹爲設媒官使知聘娶乃遺書屬縣各使男年二十至五十女年十五至四十皆以年齒相配其貧無禮聘者令長吏以下各省俸秩以賑助之同時相娶者二千餘人

晉武帝

晉武帝制女年十七父母不嫁者使長吏配之

毛詩

古者國有凶荒則殺禮而多婚會男女之無夫家者所以育人民也注大司徒以荒政十二聚萬民十曰多昏不備礼而嫁娶者多也

魏文帝

魏文帝詔以嫁娶大礼未備命有司爲之條格使貴賤有章上下咸序著之于令詔曰婚姻人道之始比來貴族之門多不率法或貪利財賂或因緣好在於苟合無所擇選塵穢清化虧損人倫將何以宣示典謨垂之後裔令制皇族肺腑三公侯伯及士庶之家不得与百工技巧卑姓爲婚犯者加罪 北史

婚禮新編卷之十二

武夷丁昇之　升伯集

前定門

月下老

杜陵韋固多奇求婚不成正觀二年將遊清河旅次宋城店客有以前清河司馬潘昉女爲議者來旦期店西龍興寺門固旦往焉斜月尚明有老人倚布囊坐於階上向月撿書覘之不識其字固曰老父所尋者何書老人曰天下婚牘耳固喜曰固少孤常願早娶多方求之竟不遂意今者人有期此與議潘司馬女可以成乎曰未也君之婦適三歲年十七當入君門固問囊中何物曰赤繩子耳以繫夫妻之足雖讎敵之家富貴懸隔吴

楚異鄉此繩一繫終不可逭君之脚已繫於彼矣他求何益曰固妻安在曰此店北賣菜陳嫗女耳固曰可見乎曰能隨我行當指示之及明所期不至老人捲書揭囊而行固逐之入市有眇嫗抱幼女來陋甚老人指女曰此君之妻也固怒曰殺之可乎老人曰此女命當食夫祿庸可殺乎老人忽不見固因礱小刀付其奴曰汝素解事能爲我殺彼女賜汝萬錢奴曰諾明日袖刀入菜肆刺之而走歸曰初欲刺心不幸中眉間耳固後求婚終不遂又十四年以父蔭參相州軍事刺史王泰以爲能因妻以女可年十六七容色華麗然眉間常貼一花鈿歲餘固問之妻潸然曰妾郡守之猶子耳疇昔父宰宋城終其官時妾在襁褓母兄次歿唯與乳母陳氏

鬻蔬以給朝夕抱行市中爲狂賊所刺刀痕尚在汝以花子覆之七八年前叔從事盧龍遂得在左右以爲之嫁君耳固曰陳氏眇乎曰然何以知之固曰所刺者固也因盡言之相敬愈極後生男鯤爲鴈門太守封太原郡太夫人乃知陰騭之定不可變也宋城宰聞之題其店曰定婚店 續玄怪錄

李仁鈞

唐崔晤李仁鈞二人中外兄弟崔年長於李建中末偕來京師調集時薦福寺有僧神秀曉陰陽術一日二人同詣秀師師更不開一語別接李門扇後曰九郎能惠然獨賜一宿否李曰唯唯後李特赴宿約秀師爲李曰崔家郎只有此政官家事零落飄寓江嶽崔之孤終得

九郎力九郎終爲崔家女壻李詰旦歸旅舍見崔説秀
師云某終爲兄之女壻崔曰我女縱薄命死且何能嫁
輿田舍老翁作婦耶李曰比昭君出降單于猶是生活
二人相顧大笑後李補南昌令時崔卒世已數年崔之
異母弟曄携孤幼來高安曄好遠遊唯小妻鄭氏獨在
護養孤女甚有恩意會南昌軍伶至高安鄭氏見之謂
曰崔家小娘子容德無比年已及事供奉與把家狀到
府求秦晉之匹可乎軍伶依其請至府以家狀歷抵士
人門曾無影響後因謁鹽鐵李侍御即李仁鈞也出家
狀於袖中鋪張几案上李憫然曰余有妻喪已大期矣
待余飢飽寒燠者頑童老嫗而已徒增余孤生半死之
恨早夜往來于心將崔之孤女實余之表姪女余視之

等於女弟矣彼亦視余猶兄也徵員裴秀師之言信如符契約爲繼室永固崔兄之鳳眷也遂定婚崔氏異聞録

滑臺園女

頃有一秀才年及弱冠切於求婚數託媒氏竟未有諧卜諳善易者決之人曰伉儷之道亦係宿緣君之室適生二歲矣又問在何州縣是何姓氏卜人曰在滑州郭之南其姓某氏父母灌園爲業只生一女當爲君偶其秀才自以門第才望方求華族聞卜人之言憫然未甚之信遂詣質其事於滑郡之南尋訪果有一蔬圃姓氏與卜言同又問有息否則曰生一女始二歲秀才愈不樂一日伺其女父母出外遂就其家誘引女使前即以細針内於顖中而去尋離滑臺謂其女死矣時女雖遇

其酷竟至無恙生五六歲父母俱喪縣以女幼無主申報廉使廉使收育之憐其黠慧視爲己女恩愛備至移鎮他州其女成長而問卜秀才登第與廉使素不相接因行李經由投刺謁之廉使一見慕其風采甚加礼遇問及婚娶答以未婚廉使乃欲以其女妻之潛令人導達其意秀才欣然許之遂成婚資送甚厚其女亦有殊色秀才深過所望且憶卜者之言頗責其謬妄其妻每因天氣陰晦輒患頭痛數年不止爲訪名醫醫云病在頂腦間以藥封腦上有頃肉潰出一小針其疾遂愈因潛訪廉使之親問女之所出方知乃圖者之女信卜人之不給也　玉堂閑話

崔元綜

崔元綜任益州參軍日娶婦吉日已定忽假寐見人云此家女非君之婦君婦今日始生乃夢中相隨向東京履信坊十字街西道北有一家入宅內東行屋下見一婦正生一女子云此是君婦崔公驚寤殊不之信俄所娶女忽然暴亡後至十八年議婚侍郎韋陟堂妹年始十九乃於履信坊家宅成親果在行東屋下居住尋詢年月皆如夢之日其妻始生崔公官至三品年九十韋夫人與之偕老 定命錄

武殷

武殷者鄴郡人也嘗議婚同郡鄭氏乃殷從母之女姿色絕世有令德殷甚悅慕女意亦願從之有誠約矣無何迫於知己所薦將舉進士期以三年從母許之至洛

陽聞勾龍生善相時特造焉生謂郜曰子之禄與壽甚厚自此二年必成大名唯婚娶殊未有兆郜曰已有所婚何言無兆生曰君之娶得非鄭氏乎曰然生曰此非君之妻也君當娶黃氏更二年始生生十七年而君娶之未踰年而黃氏卒郜異其言因問鄭氏之夫曰同郡郭子元也子元娶五年而卒既二年郜下第有内黄人郭紹家富於財聞鄭氏美納賂求之鄭氏之母聚族謀曰女年既笄郜未成事吾老矣且願見其有所適今有郭紹者求婚吾欲許之何如諸子曰唯命鄭氏聞之泣恚欲斷髪爲尼者數四及嫁之夕郜在京師忽夢一女子嗚咽流涕似有所訴視之即鄭氏也乃驚問父之言曰某常慕君子之德亦知君之意且嘗許事君矣今不

幸爲尊長所逼將適郭氏沒身之歎知復何言言訖相對而泣因驚覺悲惋且異其事乃發驗之則果適人問其姓氏則郭紹也愈歎曰思勾龍之言頗驗然疑其名異耳及肅宗在儲名紹遂改爲子元愈明年擢第更二年子元卒後十年歷位清顯每求婚輙不應後自尚書郎謫官邵陽郡守韋安貞因以女妻之愈念勾龍之言懇辭不免娶數月而韋氏亡矣 前定錄

劉后

齊高昭劉后父壽之母桓氏夢吞玉勝生后以告壽之壽之曰根非男子相笑曰雖女亦足興家年十七裴方明爲子求婚酬許已定后夢見先有迎車李猶如尋常迎法后不肯去次有迎至龍旂豹尾有異於常后喜而

從之既而裴氏不成昬竟嬪于上嚴整有軌度造次必依礼法生太子

李氏

弘農令之女李氏既笄適盧氏卜吉之日女巫有來者其母問曰小女今夕適盧郎巫當屢見其人官禄厚薄如何巫曰所言盧郎非長而髯者乎曰然巫曰此非夫人之子壻也夫人之壻中形而白且無鬚也夫人驚曰吾女今夕適人得乎曰得但盧終非夫人之子壻也俄而盧納采夫人怒巫而示之巫曰事在今夕安敢妄言家人大怒唾而逐之及盧乘軒車來展親迎之礼賓主礼具解佩約花盧生忽驚而奔出乘馬而遁衆賓追之不返主人素負氣不勝其憤且恃其女之容色激邀客皆

入呼女出拜其貌之麗天下罕敵主人指之曰此此女豈驚人者耶今而不出人以為戲形也衆人莫不憤歎主人曰此女已奉見賓客中有能聘者願起今夕時鄭某在坐起拜曰願事門館於是奉書擇桁登車成礼巫言之貌究然乃知巫之有知也後數年鄭仕於京逢盧問其事盧言見其女兩眼大如朱盞牙長數寸出口之兩角得无驚奔乎鄭素与盧相善驟出妻示之盧大慙而退乃知結縭之親命固前定不可苟求之也　續玄怪錄

曾崇範

曾崇範之妻凡許聘者數人每至親迎之夕其夫輒死因自歎悼其身危滯一何至此一夕夢人謂之曰田頭有鹿迹田尾有日炙乃汝夫也後嫁崇範方悟其夢　野史

流紅記

唐僖宗時于祐晚步禁衢於御溝見流一紅葉上有二句云殷懃謝紅葉好去到人間祐又將一葉題云曾聞葉上題紅怨葉上題詩寄阿誰御溝上流爲宫女韓夫人拾之後祐託韓泳門館因帝放宫女三十餘泳以韓夫人有同姓之親作伐嫁祐韓於祐書笥中見紅葉驚曰此吾所作吾水中亦得紅葉想君所題得葉之初嘗有詩云獨步天溝岸臨流得葉時此情誰會得腸斷一聯詩於是相對感泣曰事豈偶然莫非前定一日泳開宴顧謂于韓曰子二人今日可謝媒人也韓氏笑答曰一聯佳句題流水十載幽思滿素懷今日却成鸞鳳友方知紅葉是良媒泳笑曰吾今知天下事無偶然得者

也

秋葉飄詩

侯繼圖尚書本儒素之家方倚欄於大慈寺樓秋風四起忽有木葉飄然而墜上有詩曰拭翠斂蛾眉爲鬱鬱心中事搦管下庭除書成相思字此字不書石此字不書紙書向秋葉上願逐秋風起天下負心人盡解相思死後貯巾篋凡五六年旋與任氏爲婚常念此任曰此是書葉詩時在左綿書爭得至此侯以今書辨驗與葉上字無異也 玉溪編事

媒氏門

謀合異類

周禮地官媒人下士二人史二人徒十人注媒之爲言

謀也謀合異類使相成也今齊人名麴䴵曰媒

夫妻判合

媒氏掌萬民之判注判半也得耦爲合主合其半成夫婦也夫妻判合也

行媒

曲禮曰男女非有行媒不相知名

媒幣

坊記男女无媒不交无幣不相見恐男女之无別也以此坊民民猶有自獻其身

伐柯

伐柯如何匪斧不克取妻如何匪媒不得執柯伐柯其則不遠 伐斧詩

析薪

蓺麻如之何從衡其畝取妻如之何必告父母既曰生止曷又鞠止析薪如之何匪斧不克取妻如之何匪媒不得南山

良謀

氓詩匪我愆期子无良媒

招舟

匏有苦葉詩招招舟子人涉卬否注招招号召之皃舟人号召渡者猶媒人會男女无夫家者使為妃匹卬我也謂人皆渡我獨否也

媒妁

孟子曰父母之心人皆有之不待父母之命媒妁之言

鑽穴隙相窺踰墻相從則父母國人皆賤之

不自專

白虎通曰男女不自專嫁娶必由父母須媒妁所以遠恥防淫泆也

因鍼

淮南子線因鍼而入不因鍼而急女因媒而成不因媒而親行合趣同千里相從趣不合行不同對門不通劉向新序曰婦人因媒而嫁不因媒而親

蹇脩

離騷云吾令豐隆乘雲兮求宓妃之所在解佩纕以結言兮吾令蹇脩以爲理注豐隆雲師也宓妃洛水神纕音相佩帶也蹇脩伏羲之臣言既見宓妃解佩帶取玉

結言契兮蹇脩爲媒

又

郭景純遊仙詩雲妃顧我笑燦然啓玉齒蹇脩時不存要之將誰使注蹇脩古賢媒

拙媒

理弱而媒拙兮恐導言而不固苟中情其好脩兮又何必用夫行媒心不同兮媒勞恩不甚兮輕絶 離騷

鴆媒

望瑤臺之偃蹇見有娀之佚女吾令鴆爲媒兮鴆告余以不好注有娀國名吕氏春秋云有娀美女鴆惡鳥喻使讒賊人爲媒故云不好 離騷

接歡

余情悅其淑美兮心振蕩而不怡無良媒以接歡兮託微波以通辭洛神賦

父不爲媒

親父不爲其子媒注媒合也父譽其子人多不信莊子寓言

夢立冰上

晉索紞傳孝廉令狐策夢立冰上与冰下人語問紞紞曰冰上爲陽冰下爲陰陰陽事也士如歸女迨冰未泮婚姻事也君居冰上与冰下人語爲陽語陰媒介事也君當爲人作媒冰泮而婚成策曰老夫耄矣不爲媒也會太守田豹因策爲子求鄉人張公徵女仲春而成婚

青鳥

漢武帝好神仙之術乃築臺[illegible]祭西王母感得王一[illegible]

與帝將仙桃下至漢宮初王母欲下先有青鳥一雙銜書報帝帝與王母相見後昇雲駕而去胡曾詠史詩曰青鳥西沉隴樹秋摭遺曰青鳥去時雲路斷韓昌黎詩仙梯難攀俗緣重浪憑青鳥通丁寧

平章

老杜送大理封主簿五郎親事不合却通州主簿前閬州賢子余與主簿平章鄭氏女子垂欲納采鄭氏伯父京書至女子已許他族親事遂停詩云禁臠去東床趁庭赴北堂風波空遠涉琴瑟幾虛張渥水出騏驥崑山生鳳凰兩家誠款款中道許蒼蒼頗謂秦晉匹從來王謝郎青春動才調白首缺輝光玉潤終孤立珠明得闇藏餘寒折花卉恨別滿江鄉

婚礼新编卷之十二

婚禮新編卷之十二

武夷丁　昇之　集

自媒門

黄承彦

蜀志黄承彦高爽開列爲沔南名士謂諸葛孔明曰聞君擇婦身有醜女黄頭黑色才堪相配孔明許即載送之時人以爲笑樂鄉里爲之諺曰莫作孔明擇婦正得阿彦醜女

温太真

世説温嶠字太真喪婦從姑劉氏家值乱離散姑唯有一女甚有姿慧屬公覓壻公有自婚意荅云佳壻難得但如嶠比如何姑云喪敗之餘乞得粗相存活便足慰

吾餘年何敢希汝比卻後少日公報姑云已覓得壻処門地粗可身名宦尽不減嶠因下玉鏡臺一枚姑大喜既婚交礼女以手披紗扇撫掌大笑曰我固疑是老奴果如所卜

孫興公

世說王文度弟阿智惡乃不翅當年長而無人與婚孫興公有一女亦僻錯又無嫁理因詣文度求見阿智既見便陽言此定可殊不如人所傳那得至今未有婚処乃曰我有一女不惡但吾寒士不宜與卿計欲令阿智娶之文度欣然啓父述云興公向來忽言欲與阿智婚述驚喜既成婚女之頑嚚欲過阿智方知興公之詐文度名坦之弟處之字文將小名阿智孫綽字興公

馮素弗

馮素弗慷慨有大志，姿皃魁偉，雄傑不羣，任俠放蕩不脩小節，故時人未之奇，惟交結時豪爲務，不以產業經懷。弱冠自詣慕容熙尚書左丞韓業請昏，業怒而距之。復求尚書郎高邵女，邵亦弗許。南宮令成藻豪俊有自名，素弗造焉。藻命門者勿納，素弗逕入，與藻對坐，旁若無人，談飲連日。藻始奇之，曰：吾遠求騏驥，不知近在東鄰，何識子之晚也。

無鹽

齊鍾離春者，无鹽邑之女，宣王之正后也。其爲人極醜無雙，臼頭深目，長壯大節，卬鼻結喉，肥項少髮，折腰出胷，皮膚若漆，行年四十，無所容入，衒嫁不售，乃拂拭短褐自詣宣王謂謁者曰妾齊之不售女也聞君王之聖德願備後宮之埽除頓首司馬門外唯王幸許之謁者以聞宣王置酒於漸臺左右聞之莫不掩口大笑曰此天下強顔女子也豈不異哉於是宣王乃召見之謂曰昔我先王爲寡人娶妃匹矣今夫人不容於鄉里布衣而欲干万乘之主亦有何奇能哉鍾離春不對但揚目銜齒舉手拊膝曰殆哉如此者四王曰願遂聞命對曰今大王之君國也西有衡秦之患南有強楚之讎外有二國之難內聚姦臣衆人不附春秋四十壯男不立不務衆子而務衆婦尊所好而忽所恃一旦山陵崩弛社稷不定此一殆也漸臺五重黃金白玉琅玕籠疏翡翠珠璣幕絡連飾万民罷極此二殆也賢者伏匿於山林

諂諛强於左右邪僻立於本朝諫者不得通入此三殆也飲酒沉湎以夜繼晝女樂俳優縱横大笑外不修諸侯之礼内不秉国家之治此四殆也故曰殆哉宣王於是折漸臺罷女樂退諂諛去彫琢選兵馬實府庫四闢公門招進直言延及側陋卜擇吉日立太子進慈母拜無鹽君以爲王后而齊国大安者醜女之力也

擇婦

光武

光武陰皇后諱麗華初光武適新野聞后美心悦之後至長安見執金吾車騎甚盛因歎曰仕宦當作執金吾娶妻當得陰麗華更始元年六月納后於宛時年十九

焉得

東觀漢記馬勤字偉伯魏郡人祖父偃以兄弟形皆偉壯而巳長不滿七尺常自耻短陋恐子孫似之乃爲子伉娶長妻生勤長八尺三寸

晉武帝

晉武帝將納衛瓘女爲太子妃賈充妻郭氏餽賂楊皇后左右使后說帝求納其女帝曰衛公女有五可賈公女有五不可衛氏種賢而多子美而長白賈氏種妬而少子醜而黒后固以爲請荀顗馮紞皆稱充女絕美且有才德帝遂從之賈妃年十五長於太子二歲妬忌多權詐太子嬖而畏之

王汝南

世說王汝南少無婚自求郝普仲將之女普門至孤陋

甚非其偶君見其女便求聘焉司空王昶以其癡會无

婚處任其意便許之旣婚果有令姿淑德高朗英邁生

東海毋儀冠族或問何以知之曰嘗見井上取水舉動

容止不失常未嘗忤覩以此知之

呂範

吳志呂範字子衡汝南伊陽人少爲縣吏有容觀姿皃

邑人劉氏家富女美範求之女母嫌欲勿与劉氏曰覩

呂子衡寧當久貧者耶遂與之婚後終大司馬

荀粲

荀粲字奉倩常以婦人才智不足論自宜以色爲主驃

騎將軍曹洪女有色粲於是聘爲容服帷帳甚麗專房

燕婉及婦病亡傅嘏往唁粲曰婦人才色並茂爲難子

之聘也遺才存色非難遇也何哀之甚粲曰佳人難再得顧逝者不能有傾城之異然未可易遇也痛悼不能已已出荀粲別傳世説曰奉倩婦冬月病熱粲出中庭自取冷還以身熨之常曰婦人德不足稱當以色爲主

馬司徒

扶風郡夫人盧氏吉州刺史徽之女嫁扶風馬氏爲司徒侍中莊武公之冢婦少府監西平郡王之夫人初司徒与其配陳国夫人元氏惟宗廟之尊重繼序之不易賢其子之才求婦之可與齊者内外親戚咸曰盧其舊門承守不失其初其子女聞教訓有幽閒之德爲公擇婦宜莫如盧氏媒者曰然卜者曰祥夫人入門而媪御皆喜既饋而公姑交賀克受成福毋有多子爲婦爲母

莫不決焉韓文

卜相擇婦門

黄霸

前漢黄霸少爲陽夏游徼與善相人共載出見一婦人相者言此婦當富貴不然相書不可用也霸推問之乃其鄉里巫家女也霸即娶爲妻與之終身霸後至丞相

郭氾

郭氾字子游父士爲縣卒隨巫而遇女子於路巫曰此女生貴子君亦生貴子可相納之富興君門士一納之生氾長不滿七尺醜極當時朴訥無慧後爲縣卒感憤遊學師事安平趙孔曜曜見而偉之曰此生有公侯骨後果貴達

陳希夷

王克正仕江南歸本朝直舍人院及死無子其家修佛事唯一女十餘歲縗絰跪炉於像前曾陳摶入弔出語人曰王氏女吾雖不見其面但觀其捧炉手相甚貴若是男子當白衣入翰林女子嫁即為國夫人矣後數年陳晉公恕為參知政事一日便坐奏事太宗從容問曰卿娶誰氏有幾子晉公對曰臣無妻今有二子太宗曰王克正江南舊族身後唯一女頗聞令淑朕甚念之卿可作配晉公辭以年高不願取太宗敦諭再三晉公不敢辭遂納為室不數日封郡夫人如陳之相也

相里女

杜祁公少時客濟源有縣令能相人厚遇之與縣之大

姓相里氏議婚不成祁公亦別娶久之祁公妻死令曰相里女子當作國夫人矣前却公之議者兄也令召其弟曰秀才杜君人材足依也當以女弟妻之議遂定其兄尤之弟曰杜君令之重客令之意其可違兄悵然曰姑從之俾教諸兒讀書耳祁公未成昏赴試京師登第相里之兄厚資往見公曰婚已定議其敢違其既出仕頗憂門下無教兒讀書者耳乃遺却之其兄大慙以歸祁公既娶相里夫人至從官以兩郊礼奏異姓恩任相里之弟後官至員外郎 邵氏聞見錄

馬周

京師賣䭔媼李淳風袁天綱嘗過而異之曰此婦人大貴何以在此馬周尋取爲妻媼乃引周致於中郎將常

何之家後有詔文武官各上封事周陳便宜二十條遣何奏之事皆合旨太宗詰問何對曰乃臣家客馬周所爲也召見與語拜儒林郎數年内官至宰相其媪亦爲夫人 定命録

不暇擇

何必齊宋

衡門之下可以棲遲泌之洋洋可以樂飢豈其食魚必河之魴豈其娶妻必齊之姜豈其食魚必河之鯉豈其取妻必宋之子注衡門横木爲門言淺陋也棲遲遊息也泌泉水也閟之亦可忘飢里語曰洛鯉河魴貴於牛羊魴鯉乃魚之美者喻何必大國然後可娶

爲養

孟子曰娶妻非爲養也而有時乎爲養注取妻本爲繼嗣而有親執釜竈而不擇妻而取者

重於救蝕

晉成帝刻日納后而左僕射王彬卒議者以爲欲却期孔坦曰昏禮之重重於救日蝕納后盛禮豈可以臣喪而廢從之

不在貴族

盧諶與弟書曰長子容當爲求婦其父如此誰肯嫁之遠求小姓足使生子夭其福人不在貴族揚雄之才非出孔氏芝草無根醴泉無源帝舜受禪父頑母嚚虞世家法又生癡子

親操井臼

劉向列女傳曰家貧親老不擇官而仕親操井臼不擇妻而娶

不必貴種

孔叢子曰浴不必江海要之去垢馬不必騏驥要之善走士不必賢世要之知道女不必貴種要之貞好

慕婚

叔梁紇

叔梁紇求婚於顏氏顏氏有三女其小曰徵在顏父問三女曰陬大夫雖父祖爲士然其先聖王之裔今其人長十尺武力絶倫吾甚貪之雖年長性嚴不足爲疑三子孰能爲之二女莫對徵在進曰從父所制將何問焉父曰即尔能矣遂以妻之徵在既往廟見以夫之年大

懼不時有男而私禱尼丘之山以祈焉生孔子故名丘字仲尼家語

長孫熾

唐高祖竇皇后父毅尚周武帝襄陽公主后生三歲武帝愛之養於宮中時突厥納女於周爲武帝后無寵竇后密諫曰吾国未靖虜且強願抑情撫接以取合從則江南關東不吾梗武帝嘉納時長孫熾爲周宰士聞之每謂弟晟曰此明睿人必有奇子不可以不圖婚故晟以女長孫氏女太宗女妻人曰女忌據反

韋祐

北史韋祐少好豪俠慕李長壽之爲人娶長壽女因寓關南

孫晷

孫晷以會稽虞喜隱居海嵎有高世之風晷欽其德聘喜弟預女爲妻喜戒女弃華尚素与晷同志時人號爲梁鴻夫婦

宗連

趙元叔不治産業授驃騎將軍將之官家徒四壁無以自給時長安富人宗連家累千金仕周爲三原令有季女惠而有色連獨奇之每求賢夫聞元叔如是請与相見連有風儀美笑元叔亦慕之及至其家服玩居処擬於將相酒酣奏女樂元叔所未見也元叔辞出連曰公子有暇可復來也後數日復造之宴樂更侈如此者再三因謂元叔曰知公子素負老夫當相濟因問元叔所

須尺買與之元淑臨別再拜致謝連復拜曰鄙人鄙不自量敬慕公子今有一女願爲箕帚妾公子意何如元淑感愧遂聘爲妻連復奴婢二十口良馬十餘匹加以綵帛錦綺及金寶珍玩元淑遂爲富人

張嘉貞

郭元振美風姿有才藝宰相張嘉貞欲納爲壻元振曰知公門下有五女未知孰醜事不可倉卒更待忖之張曰吾女各有姿色即不知誰是匹偶以子風骨奇秀非常人也吾欲使五女各持一線幔前使子取便牽之元振欣然從命遂牽一紅絲線得三女大有姿色果然隨夫貴達也 天宝遺事

李丞

孫明復先生退居泰山之陽枯槁憔悴鬚髮皓白家貧不娶故相文定公李迪就見之歎曰先生年五十一室獨居誰事左右不幸風雨飲食生疾奈何吾弟之女甚賢可以奉先生箕箒先生固辭文定曰吾女不妻先生不過一官人妻先生德高天下幸壻李氏榮貴莫大於此石介与其羣弟子進曰公卿不下士久矣今丞相不以先生貧賤而欲託以子是高先生行義也先生於是曰宰相女不以妻公侯貴戚而固以嫁山谷衰老藜藿不充之人相國之賢古無有也予不可不成相國之賢名遂娶之其女亦甘淡薄事先生盡礼當時士夫莫不賢之先生用富弼薦除國子監直講　澠水燕談

盧李

盧淵為侍郎與僕射李冲相友善冲重淵門風而淵仰冲方宦故結為婚姻生來親密至於淵荷高祖意遇頗亦由冲 北史

薛裕

薛裕弱冠丞相參軍事時京兆韋夐志安放逸不干世務裕慕其恬靜數載酒殽候之談宴終日夐遂以女妻之裕常謂親友曰韋居大退不丘壑進不市朝怡然守道榮辱弗及何其樂也

崔恬

崔恬字宋恬聞王慧龍乃王氏子以女妻之浩見之曰信王家兒也王氏世齇鼻江東謂之齇王慧龍鼻漸大浩曰真貴種矣數向諸公稱其美

楊素

越國公楊素重崔儦門地爲子玄縱娶其女爲妻聘禮甚厚親迎之夕公卿滿座素令騎迎之儦弊衣冠騎驢而至素令上座儦礼甚倨言又不遜素忿然拂衣而起竟罷坐後數日儦方來謝素待之如初

婚禮新編卷之十四

武夷丁　昇之　集

擇壻

郗鑒

晉太尉郗鑒使門生求女壻於王導導令就東廂徧覲子第門生歸謂鑒曰王氏諸少並佳然聞信至咸自矜持惟一人在東床坦腹食獨若不聞鑒曰正此佳壻訪之乃羲之也遂以少女妻之本傳

謝琨

晉武帝爲晉陵公主求壻謂王珣曰主壻但似劉真長王子敬便足如王處仲桓元子誠可才小富貴便豫人家事珣對曰謝琨雖不及真長不減子敬帝曰如此便

足未幾帝崩袁崧欲以女妻謝琨珣曰卿莫近禁臠初元帝鎮建業公私窘罄每得一㹠以爲珍美項上一臠尤美輒以薦帝羣下未敢食于時呼禁臠故珣因以爲戲琨竟尚主襲父爵謝琨傳

王戎

晉任瞻字育長少有令名武帝崩選一百二十挽郎一時之秀彥育長在其中王安豐王戎選女壻從挽郎搜其勝者且擇取四人任猶在其中任童少時神明可愛時人謂育長影亦好任後爲天門太守世說

山簡 戴叔鸞

晉衛玠字叔寶少乘羊車入市見者皆以爲玉人觀之者傾都王濟玠之舅也儁爽有風姿每見玠輒歎曰珠

玉在側覺我形穢又嘗語人曰與玠同遊冏若明珠之在側朗然照人長好言玄理王澄有高名少所推服每聞玠言輒歎息絕倒故時人爲之語曰衛玠談道平子絕倒王澄上玄王濟並有盛名皆出玠下世云王家三子不如衛家一兒玠妻父樂廣有海內重名議者以爲婦公冰清女壻玉潤玠妻先亡征南將軍山簡敬之甚相欽重簡曰昔戴叔鸞嫁女唯賢是與不問貴賤況衛氏權貴門戶令望之人乎於是以女妻焉 本傳

段儀

後燕垂德皇后段氏字元妃光祿大夫儀之女少而婉惠有操嘗語妹季妃曰我終不爲庸人妻季妃曰我亦不爲庸人之婦鄰人聞而笑之內黃人張定善相見儀

二女驚曰君家大興當由二女儀畀之至年二十餘而不嫁儀子鱗謂儀曰張定何如而拒求者儀曰吾女輩志行不凡故且踟躕以擇良配垂稱燕王納元妃爲繼室遂有殊寵范陽王德亦聘季妃娣妹俱爲垂德皇后卒如其志崔鴻三十國春秋

竇毅

唐高祖皇后竇氏父毅常曰此女才皃如此又有奇相智識不凡不可妄以許人當求賢夫因畫二孔雀於屏間請昏者使射二矢陰約中目則許之射者閱數十皆不能中高祖最後至兩發時各中一目遂歸於帝本傳

權德輿

獨孤郁最爲權德輿所稱以女妻之德輿輔政以嫌去

內職憲宗歎曰德輿乃有佳壻詔宰相於高選世族故杜悰尚岐陽公主然帝猶謂不如德輿之得郁也又憲宗見郁文雅歎曰德輿有壻乃爾

韋夏卿

韋夫人諱叢字茂之僕射夏卿之季女愛之選壻得今御史元稹

晏元獻

沈存中筆談曰晏元獻公判南京范希文以大理寺丞丁憂權掌西監 曰晏謂范曰吾 女及笄仗君為我擇壻范曰監中有二舉子富臯張爲善皆有文行他日皆至卿輔並可壻也晏曰然則孰優范曰富脩謹張踈放晏曰唯即取富臯爲壻後改名即丞相鄭國富公弼

也爲善亦更名方平　邵氏聞見録曰晏元獻公爲相求壻於范文正公文正公曰公之女若嫁官人某不敢知必求國士無如富某者元獻一見大愛之遂議婚公繼以賢良方正及第是爲富鄭公　石林燕語曰晏公納富以宰相得宰相衣冠爲盛事

陳祕

陳侍禁名祕開封人有女幼童慧悟成長淑謹祕奇此女閲壻久之既以歸福州長溪主簿吳君吳君磊落三佐縣不可意弃官歸蓺花聊暱畦圃釋然忘懷以是心通得於草木之性能與物爲四時而吳氏花名於江南

擇壻車

東坡詩云眼乱行看擇壻車注唐進士開宴常寄曲江

亭其日公卿家傾城縱觀車珠轂櫛比而至中東牀
之選者十之八九唐摭言云曲江之會行市羅列長安
僅至半空公卿率以其日選東床

女自擇

徐吾犯妹

昭公元年鄭徐吾犯之妹美公孫楚聘之矣公孫黑又
使強委禽焉犯懼告子產子產曰是國無政非子之患
也唯所欲與犯請於二子使女擇焉皆許之子皙盛服
入布幣而出子皙公孫黑也布陳幣帛也子南戎服入左右射超乘
而出女自房觀之曰子皙信美矣抑子南夫也夫夫
婦婦所謂順也適子南氏子皙怒既而櫜甲以見子南
欲殺之而取其妻子南知之執戈逐之及衝擊之以戈

子晳傷而歸告大夫曰我好見之不知其有異志也

孟光

扶風平陵孟氏有女狀肥醜而黑力舉石臼擇對不嫁年至三十父母問其故女曰欲得賢如梁伯鸞者時梁鴻未娶鄉里勢家慕其高節多欲女之鴻並絶不娶聞女言遂求納之女作布衣麻屨織作筐緝績之具及嫁始以裝飾入門七日而礼不成妻乃跪床下請曰竊聞夫子高義簡斥數婦妾亦偃蹇數夫矣今而見擇敢不請罪鴻曰吾欲裘褐之人可与俱隱深山者爾乃衣綺縞傅粉墨豈鴻所願哉妻曰以觀夫子之志耳妾自有隱居之服矣乃更爲椎髻著布衣操作而前鴻大喜曰此真梁鴻妻也能奉我矣字之曰德曜名孟光居有頃

妻曰常聞夫子欲隱居避患今何爲默默無乃欲低頭就之乎鴻曰諾乃共入霸陵山中以耕織爲業詠詩書彈琴以自娛作五噫之歌曰陟彼北芒兮噫顧覽帝京兮噫宮室崔嵬兮噫人之劬勞兮噫遼遼未央兮噫乃易姓運期名燿字侯光與妻適吳依大家皐伯通居廡下爲人賃舂每歸妻爲具食不敢於鴻前仰視舉案齊眉伯通察而異之曰彼傭能使其妻敬之如此非凡人也舍之於家

徐女

晉王濬字士治爲河東從事刺史燕國徐邈有女才淑擇夫未嫁邈乃大會佐吏令女於內觀之指濬告母邈遂妻之

婁后

北齊武明皇后婁氏少明悟強族多娉之並不肯行及見神武於城上執役驚曰此真吾夫也乃使婢通意又數置私財使以娉己父母不得已而許焉神武旣有澄清之志傾産以結英豪密謀計策后多參預

婁氏

魏高歡深沉有大志家貧執役在平城富人婁氏家女見而奇之遂嫁焉通鑑一百四十九卷

齊女

風俗通曰齊有一女二家求之其家語其女曰汝欲東家則左袒欲西家則右袒其女兩袒父母問其故對曰願東家食而西家息以東家富而醜西家貧而美也

陳女

初學記異苑曰嬀陽陳忠女名豐鄰人葛勃有美姿豐與村中數女共聚絡絲戲相謂曰若拜壻如葛勃無所恨也

李林甫

李林甫有女六人各有姿色門地之家求之不允林甫廳事壁間開一横窻飾雜寶䕶以絳紗使六女戲於窻下每貴族子弟入謁林甫即使女於窻中自選可意者事之

柴氏

魏人柴翁有女在唐莊宗掖庭明宗入洛出宫父母迎之奩具計直千万分半與父母令歸曰兒見鄆舍隊長

黝色花項雀形者極貴人也願事之父母不能奪問之乃郭威也一日謂郭曰君貴不可言妾有貲五百万願奉君以發其身周祖因其資得爲軍司柴翁一日忽大笑妻問但笑不止因醉以酒乃曰花項漢將爲天子

卜相擇壻

呂公

漢單父人呂公見高祖狀皃因重敬之曰臣少好相人相人多矣無如季相願季自愛臣有息女願爲箕箒妾呂媪怒曰公始常奇此女與貴人沛令善公求之不可何自妄許與劉季呂公曰此非兒女子所知卒与高祖即呂后也本紀王命論曰呂公覩形而進女

周浚

晉周浚有人倫鑒識鄉人史曜素微賤衆所未知浚獨引之爲友以妹妻之曜竟有名於世

鍾氏

王渾妻鍾氏生女令淑武子爲妹求簡美對而未得有兵家子有儁才欲以妹妻之乃白母母曰要令我見武子乃令兵兒與羣小雜處使母帷中察之既而母曰如此衣形者是汝所擬者邪武子曰是也母曰此子才足以拔萃然地寒不有長年不得中其才用觀其形骨必不壽不可與昬兵兒數年果亡世說

甘公

陶謙字恭祖丹楊人少孤始以不羈聞於縣中年十四猶綴帛爲幡乘竹馬而戲邑中兒僮皆隨之故蒼梧太

守同縣甘公出遇之塗見其容皃異而呼之住車与語甚悅因許妻以女甘公夫人聞之怒曰妾聞陶家兒遨戲无度如何以女許之公曰彼有奇表長必大成遂妻之後爲徐州刺史 魏志

韓滉

楊於陵十九登進士第二十再登博學宏詞科調補潤州句容縣尉浙西觀察使韓滉有知人之鑒性剛嚴少所接与獨於陵常所厚待滉有愛女方擇佳壻謂其妻柳氏曰吾閱人多矣後貴且壽无如楊生者生子必位宰相以女妻之既而生嗣復滉抚其頂曰名位皆踰其父楊門之慶也因字曰慶門竟如其言 唐書

袁天綱

陳州刺史王當有女集州縣文武官令袁天綱擇壻天綱曰惟果毅姚某有貴子可嫁之終必得力當從其言而嫁之時人笑焉乃元崇也時二十三好獵都未知書勸令讀書元崇遂割放鷹鷂折節勤學以挽郎入仕竟位至宰相定命錄

蘇氏

信都富人蘇某有女十人爲擇良壻張文成往見爲蘇曰此雖有才不能富貴幸得五品官即當死矣魏知古時已及第然未有官蘇云此雖形貌黑小然必當貴遂以長女嫁之其女髮長七尺黑光如漆諸妹皆不及有相者云此女富貴不喫宿食諸妹笑知古曰只是貧漢得米旋煑故無宿飯其後魏爲宰相每食一物已上官

佚 定命錄

元懷景

張燕公說之少也元懷景知其必貴嫁女與之後張至宰相其男女數人婚姻榮盛男尚公主女爲三品夫人

定命錄

盧承慶

戶部尚書范陽盧承慶有兄女將笄而嫁之謂弟尚書左丞承業曰吾爲此女擇得一壻曰裴居道其相位極人臣然恐其非命破家不可嫁也承業曰不知此女命相終他富貴否因呼其姪女出兄弟熟視之承業又曰裴郎位至郎官其女即合喪逝縱使遭事不相及也卒嫁與之居道官至郎中其妻果殁後居道竟拜中書令

被誅籍没父而方雪

苗夫人

唐張延賞累代台鉉每燕賓客選子壻莫有入意者其妻苗氏有鑒識甚别英鋭特選韋皐秀才曰此人之貴無以比儔既以妻之不二三歲以韋郎性度高廓不拘小節張公稍悔之至不齒礼一門婢僕漸見輕怠唯苗氏待之常厚曰韋郎七尺之軀學兼文武豈有沉滯良時勝境何忍虛擲乎韋乃辞東遊苗氏罄粧奩贈送延賞喜其往也贐以七馱物韋尽歸之延賞莫測也會德宗行幸奉天西面之功韋獨居上聖駕旋復之日白金吾持節西川以代延賞乃改易其姓名以韋作韓以皐作翱莫敢言之也至天廻驛去府城三十里上皇旋駕

因以爲名有人持報延賞曰替相公者金吾韋皐必韋郎也延賞笑曰天下同姓名者何限彼韋生應已委弃溝壑豈能承吾位乎婦女之言不足云尔苗夫人又曰韋郎雖貧賤氣凌霄漢每相公所談未甞一言出媚因以見尤成事立功必此人也來早入州方知不誤延賞憂惕莫敢瞻視曰吾不識人西門而出凡是舊時奴婢曾无礼者韋公杖殺之苗夫人無愧於韋郎賢哉韋公侍奉外姑過於布素之時自是海内貴門不敢忽於貧賤之壻郭圓詩曰宣父從周又適秦昔賢誰不困風塵當時甚訝張延賞不識韋皐是貴人 雲溪文

魏大武

李訢字元盛母賤爲諸兄所輕父崇曰此子之生相者

中貴吾每觀之或未可知大武見之指謂從者曰此小兒終效用於朕之子孫因識朕之帝舅陽平王杜超有女將許貴戚帝曰李訢後必官達益人門户可以妻之遂勸成昏帝曰觀此人舉動豈不異於人也必爲朕家幹事之臣

韋鼎

後周蘭陵公主居寡帝爲之求夫選親衛柳述及蕭瑒等以示相士韋鼎鼎曰瑒當封侯而無貴妻之相述亦通顯而守位不終帝曰位由我尔遂以降述述後除名卒年三十九

王青

王青晏元獻門下常貴人自号王寶頭嘗遇奇士傳一

相術夫人一日呼至堂下青相其女曰此國夫人也夫人應声笑曰爲我擇一佳壻青應声曰一秀才姓富須做宰相明年狀元及第在興國寺安下元献退朝夫人具道其事使人通好明年富黜於春官晏以青爲妄大悔之未幾富中大科恩比狀元即大丞相鄭公也青有女壻時秀才儀皃甚偉衆以青善相必得非常人青曰吾女命薄安敢適富貴人時生亦非遠到果及第而卒

馬亮

馬尚書亮善相人爲夔路監司呂文靖父爲州職官亮一見文靖即許以女嫁之其妻怒曰君常以此女爲國夫人何爲与此人子亮曰此其所以爲國夫人

婚禮新編卷之十五

武夷丁昇之集

名行

南容

子謂南容邦有道不廢邦無道免於刑戮以其兄之子妻之公冶長南容三復白圭孔子以其兄之子妻之先進

劉邠

劉邠新興人司空齊王攸辟爲掾征南將軍羊祜召爲參軍皆以疾辭同郡張宣子識達之士也勸邠就徵邠曰當今二公有晉之棟楹也吾方希達如椽榱不憑之豈能立乎吾今王母在堂既應他命無庸不竭盡臣礼便不得就養子輿所以辭齊大夫良以色養无主故

尔宣子曰如子所言豈庸人所識哉而今而後吾子當爲吾師矣遂以女妻之宣子者并州豪族家富於財其妻怒曰我兒年始十四姿識如此何慮不得爲公侯妃而遽以妻劉郡乎宣子曰非尔所及也誡其女曰劉郡至孝冥感才識超世此人終當遠達爲世名公汝其謹事之張氏性亦婉順事王母以孝聞奉郡如君父焉晉書

裴寬

唐裴寬爲潤州參軍事刺史韋詵有女擇所宜歸詵自以族望清華雖門地貴盛声名籍甚者求之詵悉以爲不可會除日登樓見人於後圃有所瘞藏者訪諸吏曰裴寬居也與俱來詵問狀荅曰寬義不以苞苴汙家適有人以鹿爲餉致之而去不敢自欺故瘞之詵歎異之

引爲按察判官問其有息女願授君子遂歸語妻曰常求佳婿今果得矣明日幃其族而觀之寛時服碧瘠而長既入族人皆大笑呼爲碧鸛雀詵曰愛其以必以爲賢公侯妻何可以皃求人白如鮑者人奴之材卒妻之韋氏与寛偕老福壽富盛莫有比者明皇雜錄

射援

射援本姓謝改爲射援少有名行太尉皇甫嵩賢其才以女妻焉

高謹

魏高謹字孝甫崇厚少華有深沉之量育孤兄子五人恩義甚篤琅琊相何英嘉其行以女妻焉

錢道戢

北史錢道戢少以孝行著聞及長頗有材幹陳武帝微時以妹妻焉

魏悦

魏悦性沉厚有度量宣城公李孝伯見而重之以女妻焉位済陰太守以善政稱 北史

郄景仁

南史郄景仁少有大成之量司徒王謐見而以女妻之

才學

虞世基

虞世基少沉靜博學高才亦善草隸中書令孔奐見而歎曰南金之貴屬在斯人少傅徐陵聞其名召之不往後公會陵一見而奇之顧謂朝士曰當今潘陸也以女

萊妻爲諸請

羊祜

晉羊祜博學能文身長七尺三寸美鬚眉善談論郡將夏侯威異之以兄霸女妻焉郭弈見之曰此今之顏子

崔謙之

崔謙之在北齊終鉅鹿太守少好學唐儉愛其才妻以女因倩作文奏

鄧攸

鄧攸嘗詣鎮軍賈混混以訟示攸使決之攸不視曰孔子稱聽訟吾猶人也必也使無訟乎混奇之以女妻之

李頻

唐李頻字德新少秀悟尤長於詩與里人方干善給事

中姚合名為詩士人多歸重合大加獎以女妻之

李談

唐李談字中庸蕭潁士愛其才以女妻之

朱選之

南齊朱選之字処林有志節著辯相論時頃歡見而異之以女妻焉

柳莊

柳莊少有遠量博覽墳籍兼善辭令濟陽蔡大寶有重名於江左時為岳陽王蕭詧諮議見莊便歎曰襄陽水鏡復在於茲遂以女妻焉 隋書

蘇舜欽

杜衍既貴有女其夫人鍾愛必求佳婿衍以文章器識

爲天下第一无如蘇舜欽乃以女妻之 名臣傳

胥茂諶

謝景初女於室処靖深姚嫕言動皆循繩墨父母曰吾女必擇所宜歸則以嫁胥茂諶茂諶端厚敏達李問自將調湖州烏程主簿 黃文

鄭義

北史鄭羲娶長樂潘氏生六子祖有志氣鄭羲第六文學爲優弱冠舉秀才尚書李孝伯以女妻之

傅侯

李白送傅八之江南序其惟傅侯篇章驚新海內稱善五言之作妙絶當時陶公愧田園之能謝客慙山水之美佳句籍籍人爲美談前許州司馬宋公蘊冰清之姿

重傅侯玉潤之德妻以其子鳳凰于飛潘楊之好斯爲睦矣

崔儦

隋崔儦以讀書爲務負恃才地忽略世人大署其戶曰不讀五千卷書者無得入此室越国公楊素時方貴倖重儦門地爲子玄縱娶其女爲妻聘礼甚厚

明道先生

国朝明道先生程顥十歲能爲詩賦十二三時羣居庠序中如老成人見者無不愛重故戶部侍郎彭思水至奉舍一見異之許妻以女 丁未録

雍邵

吳志雍邵字孝則博覽書傳少与舅陸績齊名陸遜[illegible]

皆亞焉風聲流聞遠近稱之孫權妻以策女年二十七起家爲豫章太守

及第後娶

陸暢

韓文公送陸暢歸江南詩舉士江南子名以能詩聞一來取高第官佐東宮軍迎婦丞相府誇映秀士羣鳴鸞桂樹間觀者何繽紛注暢江東人取董溪女溪墓誌云丞相隴西公長女嫁吳郡陸暢

李象

李象字昭文父農以爲業象少好學長於左氏春秋天成中以本科調率不捷明年應進士登上第宰臣劉昫愛其才以猶女妻之

劉燁

龍圖劉燁未第前娶趙尚書晃之長女早亡趙氏二妹皆未適人既而劉公登第晃已捐館夫人復欲妻之公曰君是武有之德則不敢爲姻如言禹别之州則庶可從命蓋不欲以七姨爲匹欲九姨議婚也夫人曰諺云薄餅從上揭劉郎才及第豈得便拔點人家女公曰非敢有擇但七姨骨相寒薄遂娶九姨

白稹

丁晋公初釋褐爲饒倅同年白稹爲判官稹一日以片紙假緡五鏹於公公笑曰榜下新婚京国富室豈無半千質物耶懼我撓之耳於簡尾書曰欺天行當吾何有立地機関子太乖五百青蚨兩家闘赤紅崖打白洪崖

李夔之

吳氏越州山陰人天資孝謹言德功容人對儷焉父母賢之謂必得名士乃可爲配李夔之以諸生與脩衣冠制度名聞朝廷繼而擢高第遂以妻之然吳氏世爲望族夫人生大家而李公起寒素夫人事之能盡婦道李公終於中大夫右文殿撰 楊龜山文

蔡君謨

蔡君謨娶葛常之之祖姑清源君已而赴漳南幕常之曾祖通議贈詩曰藻思舊傳青管夢哲科新試碧雞才衣衣仲賓蓮花幕更下温郎玉照臺

王沂公

王沂公初就殿試時固已有盛名李文靖公沆爲相適

求婿語夫人曰吾得婿矣乃舉公姓名曰此人今此不第後亦當爲公輔是時吕文穆公家亦求婚於沂公公聞文靖言曰李公知我遂從李氏唱名果第一〔石林燕語〕

冨文忠公

冨文忠公嘗謂邵伯温曰吾年二十八登第方娶晏先公先夫人未第決不許娶〔聞見録〕

王定保

王定保唐光化三年李渥侍郎下及第吴子華侍郎〔融〕爲婿子華即世定保南遊無北歸意吴氏假緇服自長安來訪其良人白馬武穆王令引見定保於定林寺吴氏隋藁謂之曰先侍郎重先輩名行俾妾侍巾櫛值上都播擾侍郎没憲先輩以妾改適是以不遠千里來明

先侍郎之志定保不勝惆悵致書武碑之主壻爲[illegible]吳氏確守不拔乞爲尼定保爲盟畢世不婚吳氏歸吳中外家沈彬有詩贈定保曰仙桂曾攀第一枝薄遊湘水阻佳期皐橋已失齊眉願蕭寺行逢落髮師廢苑露殘蘭寂寞丹山雲斷鳳參差聞公已有平生約謝絕女蘿依菟絲定保後爲馬不禮奔五羊依劉氏官至卿[illegible]

娶後及第

袁玙

袁玙娶蕭安女言定未幾擢進士第羅隱以詩贈之曰

細看月輪還有意定知青桂近姮娥 詩話

盧儲

李翱尚書牧江淮郡進士盧儲投卷來謁李禮待之置

文卷几案間赴公宇視事長女及笄見文尋繹數四謂小青衣曰此人必爲狀頭李公聞之深異其語乃募爲婿來年果狀頭及第纔過殿試徑赴佳期作催粧詩曰昔年將去玉京遊第一仙人許狀頭今日已成秦晉會早教鸞鳳下粧樓後盧正官舍迎內子有庭花開乃題曰芍藥斬新栽當庭數朵開東風與拘束留待細君來人生前定固非偶然耳 南部新書

常脩

唐閔圖有一妹甚聰惠文學書札罔不動人圖嘗語同僚曰其家有一進士所恨不擲朴後適鹺客之子常脩而脩之父與圖有舊脩畧曉文墨閔氏乃與讀書習文數年才學遂優脩咸通中登第 南楚新聞

三〇四

竇璠

竇璠父不第晚娶宇文翃女遂登科時杜尚書宅遺火云因鼠燒尾曳火而作韋詵因謂璠曰魚將化龍雷爲燒尾近日老鼠亦有燒尾者璠甚慙

門下士

公孫瓚

魏公孫瓚字伯珪以母賤爲郡小吏爲人美姿儀大音声性辨惠每白事不肯暠常摠說數曹事无有忘誤侯太守竒其才以女妻焉 三国志

韋孝寬

北史韋孝寬沉敏利正爲国子博士行華山郡事属楊侃爲大都督出鎮潼關引孝寬爲司馬侃竒其才以女

妻之

李若初

李若初少孤貧初爲轉運使劉晏下散職晏判官包結察其勤許以女妻之

姜宇

姜宇字子居少孤貧爲河北陳不識家牧羊年十五身長七尺九寸聰惠美風儀每夜專讀書睡則懸頭于屋梁達旦而止不識奇之將妻以女其妻弗聽不識乃置酒引宇令女潛觀之問女曰姜宇人士才明吾欲以汝妻之汝母難宇家之牧人汝意云何女曰觀宇之姿才豈復爲人牧羊也遂妻之後歷位京兆尹御史中丞翟鴻前秦錄

杜廣

商州刺史杜廣初為劉景㮣卒以馬肥良引為直士侍立通夜未嘗休倦景奇而問之廣流涕申叙曲有章條景執手曰吾非人也以負賢者告其妻曰吾為女求夫三十年不覺㮣中有騏驥於是妻之三十國春秋

陸遜

孫權為將軍陸遜年二十始仕幕府後拜金威校尉權以兄策女配遜

王鍔

王鍔為辛果下偏裨果時帥長沙一日擊毬馳騁既酣鍔向天呵氣氣高數丈若匹練上衝果謂其妻曰此極貴相遂以女妻之鍔終為將相獨異

裴𢿙

唐裴𢿙辟劉語府悟奇之故爲其子從諫納其女裴氏年十五火起柱下家人以爲怪因許嫁封燕国夫人

太學士人

太學一士人出假晚歸過一貴官宅後聞墻内打秋千戲笑諠鬧遂攀墻外柳樹竊觀之宅内使僕厮自墻外掠士人置之墻内士人驚懼具以實告有一老媪曰既是太學士人必能詩詞且賦秋千一詞遂援筆賦搗練子曰綠楊陰裏笑声長應是秋千争打鬧柱綵繩高掛彆見人如畫身輕小燕破煙飛香滿春風一架報道羅裙褪也笑倩人扶下詞成其家稱賞遂延作館後一年登第以女妻焉　古今詞話

張延賞

張延賞雖早孤而博涉經史通吏治苗晉卿尤器許以女妻之

封德彝

楊素討江南以封德彝爲行軍記室泊海上素在計畫德彝墜水不免易衣以見訖不言久乃素知問故對曰私事也故不敢白素異其爲以從妹妻之

駱統

吳孫權以將軍領會稽太守郡人駱統年二十試爲烏程相民戶過万咸歎其恵理權嘉之召爲功曹行騎都尉妻以兄輔女

谷儀

陳平

前漢陳平少時家貧好讀書及長可取婦富人莫与者貧者平亦愧之戶牖富人張負有女孫五嫁夫輒死人莫敢取平欲得之邑中有大喪平家貧侍喪以先往後罷為助負見之喪所獨視偉平平亦以故後去負隨平至其家家乃負郭窮巷以席為門然門外多長者車轍負歸謂其子仲曰吾以女孫与陳平仲曰平貧不事事一縣中尽笑其所為獨柰何予之女負曰固有美如陳平長貧者乎卒与女為平貧乃假貸幣帛以聘予酒肉之資以內婦負戒其孫曰毋以貧故事人不謹事兄伯如事乃父事嫂如事乃母平既取張氏資用益饒游道日廣

王凱

王粲與族兄凱俱避地荆州劉表欲以女妻粲而嫌其形陋而用率以凱有風皃乃以妻凱凱生業業即劉表外孫也 鍾會注

于顗

北史于顗身長八尺美鬚眉周太宰宇文護見而器之以女妻焉

韋斌

唐韋斌授太子通事舍人少脩整好文詞容止嚴峭有大臣體与兄韋陟齊名薛王業以女妻之

柳澤

柳澤姿皃魁異唐高祖以外孫竇氏妻之

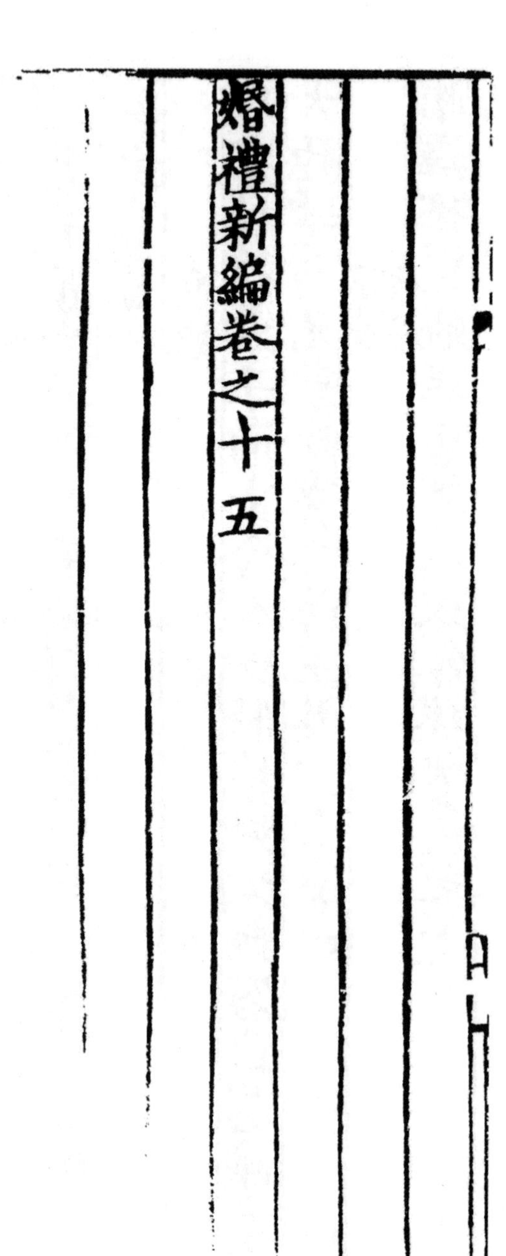

婚禮新編卷之十五

婚禮新編卷之十六

武夷丁　昇之　集

師友

張博

前漢京房字君明淮南憲王舅張博從房學易以女妻房房與相親

馬融

後漢馬融字季長為人美辭皃有俊才初京兆摯恂以儒術教授隱于南山不應徵聘名重關西融從其遊孚博通經籍恂奇融才以女妻之

鮑宣

鮑宣妻桓氏女字少君宣嘗就少君父學父奇其清苦

故以女妻之裝送資賄甚盛宣不悦謂妻曰少君生富驕習美飾而吾實貧賤不敢當妻曰大人以先生修德守約故使賤妾侍巾櫛既奉承君子唯命是從宣笑曰能如是吾志也妻乃悉歸侍御服飾更著短布裳與宣共挽鹿車歸鄉里拜姑礼畢持甕出汲修行婦道鄉邦稱之

郭瑀

劉昞字延明十四就博士郭瑀學時瑀弟子五百人通經業者八十餘人瑀有女始笄妙選良偶有心於昞遂别設一席於座前謂諸弟子曰吾有一女年向長成欲覓一快女壻誰坐此席者吾當婚焉昞遂奮衣來坐神志湛然曰向聞先生欲求快壻昞其人也瑀遂以女妻之

張承

吳張承字仲嗣少以才學知名与諸葛瑾相友善承年少瑾四歲初承喪妻昭欲令索諸葛瑾女承以相与有好難之孫權聞而勸爲之遂爲婚生女孫權爲子和納之孫權數令和修敬於承執子壻之禮吳志張承及昭

鮑玄

葛洪好神仙導養之法師事南海太守鮑玄玄以内學逆占將來見洪深重之以女妻洪洪傳玄業兼綜醫術

戴逵

戴逵字安道性不樂當世常以琴書自娛師事徵士范

宣於豫章宣異之以兄女妻焉

張徹

張徹常從韓退之學選於諸生以姪女孫嫁与之是爲礼部郎中雲卿之孫開封府俞之女孝順祗修羣女効其所爲婧

李漢

宗室李漢少事韓愈愿知最厚且親愈愛重以女妻之

范蜀公

范蜀公鎮字純仁少受學於鄉先生龐直溫直溫之子昉卒於京師公娶其女爲孫婦養其妻子終身墓誌

[illegible]慶婚

光武

後漢賈復与五校戰大破之復傷瘡甚光武大驚曰失
吾名將聞其婦有孕生女耶我子娶之生男耶我女嫁之
不令其憂妻子也

韋放

南史韋放字元直爲徐州刺史与吳郡張率皆有側室
懷孕因指腹爲昏姻其後各産男女未及成長而率亡
遺嗣孤弱放常贍䘏之及爲北徐州時有貴族請昏者
放曰吾不失信於故友乃以息岐娶率女又以女適率
子時稱放能篤舊

崔浩

北史尚書盧遐妻崔浩女王寳興母浩弟恬女初寳興
母及遐妻俱孕浩謂曰汝等將來所生皆我之自出可

恬寢爲親及昏浩爲撰儀躬自監視謂諸客曰此家禮事盡其美

幼婚

白氏詩

三十男有室二十女有歸近代多離亂婚姻多過期婚姻既不早生育常苦遲男女未成人父母已衰羸凡人貴達日多在長大時欲報親不待孝心無所施哀哉三牲養少得及庭闈惜哉萬鍾禄多用飽妻兒誰能正昏礼待君張國維庶使孝子心皆無風樹悲

文王

淮南子曰礼三十而娶文王十五而生武王非法也歲星十二歲周天天道一備故國君年十二而冠冠而娶

十五而生子重國嗣不從古制也

楊椿

楊椿有曾孫年十五六常欲為之早娶望見玄孫

謝瀹

謝瀹年七歲王景文見而異之言於朱武帝召見於人衆中瀹舉止閑詳應對合旨僕射褚彥回以女妻之厚為資送南中

周弘正

南史周弘正年十歲通老子周易伯父捨每與談論輒異之河東裴子野深相賞紩請以女妻之

王僧達

南史王僧達幼聰敏父弘為揚州時六七歲有通訟者

竊覽其辞謂爲有理及大誥者亦進弘意其小留左右
僧達爲申理闇誦不失一句文帝聞其早慧召見德陽
殿應對閑敏上甚知之妻以臨川王義慶女

柳偃

柳偃字彦游年十二梁武帝引見詔問讀何書對曰尚
書又問有何美句對曰德惟善政政在養民衆咸異之
詔尚武帝女長城公主

杜驥

北土舊俗問疾必遣子弟杜驥年十三父使候刺同郡
韋華華子玄有高名見而異之以女妻焉（韋史）

江斅

南史江斅字叔文母宋文帝女淮陽公主幼以戚屬召

三二〇

見孝武謂謝莊曰此小兒方當爲名器尚孝武[illegible]公主袁粲見之曰風流不墜正在江郎

長孫澄

北史長孫澄字士亮年十歲司徒李琰見而奇之遂以女妻焉

徐儉

南史徐儉幼而修立有志操汝南周弘直重其爲人妻之以女梁元帝召爲尚書金部郎中嘗侍宴賦詩元帝歎賞之曰徐氏之子復有文矣

王吉

王吉曰夫婦人倫之大綱夭壽之萌也世俗嫁娶太早未知爲父之道而有子是以教化不明而民多夭

文中子

文中子曰早婚少聘教人以偷

傳咸

杜有道妻嚴氏字憲嫠居有女名韡傅玄求爲繼室憲便許之咸昏玄之前妻子咸六歲嘗隨繼母韡省憲憲謂咸曰此千里駒也必當遠至以其妹之女妻之

晚婚

大過

易大過九二枯楊生稊老夫得其女妻无不利象曰老夫女妻過以相与也九五枯楊生華老婦得其士夫無咎无譽象曰枯楊生華何可久也老婦士夫亦可醜也

蕭文忠公

富文忠公問邵伯温年幾何娶未對曰年二十四矣亦未[illegible]公曰晚昏甚善可以保養血氣專意斈問吾年二十八登第方娶嘗曰先公先夫人未第決不許娶聞見錄

夏禹

呂氏春秋曰禹年三十未娶行塗山恐時晚失制乃娶塗山女

陳留公

風俗通曰陳留富室公年九十無子娶田氏爲婦一交接而死後生男其女誣其淫泆有兒爭財數年不決丞相丙吉曰吾聞老公子不奈寒又无影時歲八月取同歲小兒解衣裸之此兒獨言寒又日中无影大小歎息因与其財

鍾繇

魏鍾繇老而納正室盖取宗子雖七十元主婦之義

甄琛

甄琛爲主客郎迎送梁使劉纘纘子晰爲煦山戍主晰死家屬入洛中有女年未二十琛巳六十餘矣乃納新女爲妻昏日詔給厨費

陳嶠

陳嶠字景山暮年獲一第還鄉巳耳順矣鄉里以儒家女妻之至新昏近八十矣合卺之夕文士競集悉賦催粧詩咸有生梯之諷嶠自成一章云彭祖尚聞年八百陳郎猶是小孩兒客皆絶倒嶠嘗有閑居詩曰小橋風月年年事多奈潘安老去何詩話[illegible]

無名君

康節先生作无名君傳自年四十未有室有願爲妻者不拒也

盧校書

盧氏家有子弟舉進士猶爲校書郎晩娶崔氏崔有詞翰結縭之後微有嫌色盧因請詩以述懷爲戲崔立成曰不怨檀郎年幾大不怨檀郎官職卑自恨妾身生較晩不見檀郎年少時（南部新書）

何點

齊何點隱居不仕絶昏何尚之強爲娶王氏禮畢將親迎點涕泣求執本志遂罷既老又娶魯國隱者孔嗣女雖香亦不與妻相見別室以處之人莫諭其意張融爲

詩嘲之曰惜哉何処士薄暮遭荒淫婦

陳晛

江南野史処士陳晛閩人有詩名五十方娶有慶之者曰処士新卽燕尔安乎荅曰呵呵僕少処山谷莫預世事不知衣裾之下有此珍美嗣主徵之或問細君置之何所對曰暫寄師叔寺中或曰婦人年少爲慾不一何不防閑荅曰鎖之矣或曰其如水火何曰鑰匙亦付之矣

錢氏

錢氏衣冠之後放曠不羈年餘四十終无室家一日有婚姻成親有期乃作于飛樂曰年少踈狂醉眼北里平康十年占断風光似一場春夢歎歇高陽如今休也伏

惟獨自恤惶古人言无錢斷酒臨老剃度何妨散花紅頂花帽作个新郎低頭失笑幾曾見娘子從良詞

詩婚

謝生

越漁者楊父一女絶色有謝生求娶焉父曰吾女宜配公卿謝曰少女少郎相樂不忘少女老翁苦樂不同且安有少年公卿耶翁曰吾女詞多兩句子能續之稱其意則妻矣示其篇曰珠簾半牀月青竹滿林風謝曰可事今宵景无人解与同女曰天生吾夫遂偶之後七年春楊忽題曰春尽花隨尽其如自是花謝曰何故爲不祥句楊曰吾不久於人間矣瞋目而逝後一年見楊立於江中曰吾本水仙謫居人間耳

王氏

王直方詩話云白藕作花風巳秋不堪殘睡更回頭曉雲帶雨歸飛急去作西窻一夜愁此趙德麟妻王氏作也德麟鰥居見此詩遂与之爲親人以爲二十八字媒也

李清臣

韓魏公知中山李清臣謁見其姪吏報曰太祝方寢清臣爲絶句曰公子乘閑卧絳廚白衣老吏慢寒儒不知夢見周公否曾說當年吐哺无魏公見其詩曰吾知此人必矣竟有東床之選

山谷

山谷云謝師厚方其爲女擇壻見廷堅詩曰吾得壻如

是足矣廷堅往求之然廷堅之詩卒從謝公得句法故有詩曰自從見謝公論詩得濠梁

崔護

博陵崔護清明日遊都城南得居人莊扣門久之有女子問誰即以姓字對曰尋春獨行酒渴求飲女以杯水至獨倚小桃意屬殊厚崔辭去來歲清明忽思之往徑題詩門扉曰去年今日此門中人面桃花相映紅人面祗今何處去桃花依舊笑春風數日復往聞其中哭聲問之有老父曰君非崔護耶吾女自去年恍惚若有所失及見左扉字遂病而死崔請入哭之尚儼然在牀崔舉其首枕其股曰某在斯某在斯須臾開目半日復活老父大喜以女歸之

李頻

唐給事中姚合有詩名士多歸重李頻走千里丐其品題合大加奬挹以女妻之

兵士

開元中賜邊軍纊衣製於宮中有兵士袍中得詩曰沙場征戍客寒苦若爲眠戰袍經手作知落阿誰邊畜意多添線含情更著綿今生已過也重結後身緣兵士以詩白帥帥進之明皇以作詩者嫁得詩人曰我爲汝結今身緣

武勇

劉秀之

劉秀之十歲時與諸兒戲忽見大蛇來勢甚猛莫不顛

滿驚呼秀之獨不動衆並異之東海何承天雅相知器以女妻之

郭默

前趙郭默字彦雄河內懷人世以屠沽爲業默壯勇拳捷能貫甲跳三丈塹時人咸異之曰此兒必興郭氏河內陸允世之豪民望見以女妻之

劉遐

劉遐廣平人性果毅勇壯天下大乱遐爲塢主鄉人冀州刺史邵續涼器之以女妻焉

英布

英布少時客相之當刑而王及壯坐法黥布欣然笑曰人相當刑而王幾是乎後爲羣盜陳勝起布乃見番君

其衆數千人畜君以女妻之

聽頭甲

梁葛侍中周鎮兖之日有聽頭甲甲者年壯未婚善騎射膽力出人偶因白事葛公召入時諸姬妾並侍左右内一愛姬乃國色專寵得意常在公側甲窺見愛姬目之不已葛公有所傾問至于再三甲方流眄於殊色意忘其對答公但俛首而已既罷公微哂之或有告甲甲慮有不測之罪未幾有詔命公出征拒唐師於河上時与敵決戰交鋒數十敵軍堅陣不動日暮軍士飢渴殆无人色公乃召甲謂之曰汝能陷此陣否甲曰諾即攬轡超乘与數十騎馳赴敵軍斬首數十級唐師大敗及葛公凱旋乃謂愛姬曰甲立戰功宜有酬賞以汝妻之愛姬

郎泣辭公曰爲人之妻亦一不愈於爲人之妾耶今具飾資裝乃召甲告之曰汝立功於河上吾知汝未婚今以某妻汝兼署列職此即汝所目者也甲固稱死罪不敢承命公堅與之乃受葛公後爲梁名將諱曰山東一條葛无事莫撩撥（玉堂閑話）

雍氏

崔涯妻雍氏揚州總效之女雍族以崔有詩名資贍甚厚崔略無恭敬呼妻父但雍老而已雍仗劍呼女謂崔曰某河朔之人唯習弓馬養女合嫁軍門徒慕士流之德小女不可別離便令出家立令剃髮爲尼涯悲泣悔過勸別留詩曰隴上流泉隴下分斷腸嗚咽不堪聞姮娥一入宫中去巫峽千山空白雲

李光顏

李光顏愛女求聘幕僚盛言一鄭秀才詞學門閥公曰其一健兒也偶立微功豈可妄求名族已選得一佳婿乃召客司小將出曰此即某女匹也超三五階軍職厚與金帛而已或曰李帝師與侯景求婚王謝何其遠哉北夢瑣言

胡貴嬪

西晉胡貴嬪名芳奮之女帝與摴蒱爭矢遂傷上指帝怒曰此固將種也芳對曰北伐公孫西拒諸葛非將種而何帝有慙色晉書

姻禮新編卷之十七

武夷丁　昇之

姑舅

宋鄭

左傳襄九年曰宋鄭舅甥注宋鄭婚姻舅甥之國也

季平子

娶公若之妹爲小邾夫人生宋元夫人生子以妻季平子昭子如宋聘且逆之公若從注平子庶姑與公若同母故曰公若姊宋元夫人平子之後母

顏協

顏協少聘舅氏女未成昏而協母亡免喪後不復娶年六十餘此女猶未他適協義而迎之晚雖判合卒无嗣

續

費觀

蜀費觀字賓伯江夏人劉璋母乃觀之族姑璋又以女妻觀

陸稠

南史沈寔字建元少有高名州舉茂才不行辟州別駕從事史時廣陵太守陸稠寔之舅也以義烈政績顯名漢朝復以女妻寔

王氏

本朝王沂公曾孫王氏贊善大夫僖之女少有淑質若[illegible]族賢之遂擇其所歸祖母呂氏正獻公之女兄也以謂[illegible]尤若適公宗爲宜遂以妻好問蓋正獻公嫡孫待[illegible]

陽公之長子也夫人生貴族歸德門以古義相其夫豈
夫人在父母家就養果當須臾去側間有疾藥必親嘗
而後進至寢寢食其後以其所以事父者事其舅以其
所以事母者事其姑其孝誠盡天性也故滎陽公与其
姑相顧謂夫人曰汝報吾二人足矣願汝子孫皆如汝
孝也呂氏之族黨咸相謂曰爲子取婦如夫人可也劉

老蘇

老蘇先生女幼而好學慷慨能文適其母之兄程濬之
子之才詩曰汝母之兄汝伯舅求以厥子來結姻鄉人
嫁取重母族雖我不肯將安云

舅甥

李君房

韓文公贈李君房字李生者南陽公之甥也人不知者將曰李生託婚於富貴之家將以充其所求而止耳故吾樂爲天下道其爲人焉

老杜

老杜送崔二十二舅録事之攝郴州賢良歸盛族吾舅盡知名徐庾尚交友劉牢出外甥注周語曰謂吾舅者吾謂之甥　老杜近聞詩舅甥和好應難棄

李靖

唐李靖字藥師嘗謂所親曰丈夫遭遇要當以功名取富貴何至作章句儒其舅韓擒虎每與論兵輒歎曰可與語孫吳者非斯人尚誰哉

潘安仁

潘安仁送卜外詩微微髮膚受之父母峩峩王侯中外之首子親伊姑我父唯舅

魏舒

晉魏舒少孤爲外家甯氏所養甯氏起宅相者曰當出貴甥舒曰當爲外氏成此宅相

李繪

李繪儀貌端偉神情閒雋河間邢晏每与之言歎其高遠稱之曰若披煙霧如對珠玉宅相之奇良在此甥

衛玠

晉衛玠王武子之甥也嘗乘白羊車入市峯市皆曰誰家璧人武子嘗與同遊語人曰昨與外生同出炯然若明珠之在側朗然映人世說

王忱

晉王忱與王恭王恂俱流譽一時嘗造其舅范甯与張玄相遇甯使与玄語玄正坐待其有發忱竟不與語玄失望便去甯讓忱曰張玄吳中之秀何不与語忱笑曰張祖希欲相識自可見詣甯謂曰卿風流儁望眞後來之秀忱曰不有此舅焉有此甥既而甯使報玄玄束帶造之始爲賓主

荀勗

晉荀勗少孤貧依於舅氏幼而岐嶷十歲能文鍾繇曰此兒當及曾祖爽耳

謝絢

晉謝絢嘗於公坐戲調無禮於其舅袁湛湛甚不堪之

謂曰汝父昔已輕舅汝今復來加我可謂世無渭陽情也絢父重卽王胡之外孫與舅亦有不協之論故湛有及於此

和嶠

晉和嶠少有風格慕舅夏侯玄之爲人厚自崇重有盛名於世

家舅

晉習鑿齒二舅羅崇羅友相繼爲襄陽都督習與桓秘書云每定省家舅

酷似

晉何無忌劉牢之之甥酷似其舅

徐湛之

南史尋陽尹徐湛之素爲彭城王義康所愛雖爲舅甥恩過子弟

阮韜

南史王延之阮韜俱劉湛外甥並有早譽湛甚愛之曰韜後當爲第一延之爲次也延之甚不平每致餉下都韜與朝士同例高武聞之與延之書曰韜云卿未嘗有別意當由劉家月旦故邪

樂藹

南史樂藹舉措醞藉其舅宗愨嘗陳器物試諸甥姪藹尚幼而無所取又取史傳各一卷授藹等使讀畢言所記藹略讀具文愨由此奇之

劉孝綽

舊史劉孝綽七歲能文舅中書郎王融深賞異之與同載以適親友號曰神童融每曰天下文章若無我當歸阿士阿士孝綽小名

渭陽　凡人有母在堂不應用此

渭陽康公念母也康公之母晉獻公之女文公遭驪姬之難未反而秦姬卒穆公納文公康公時爲太子贈送文公于渭之陽念母之不見也　我見舅氏如母存焉

李白

李白別從甥高五詩賢甥即明月聲價動天門能成吾宅相不減魏陽元明月珠也

羊曇

晉謝安與姪謝玄賭墅領謂甥羊曇曰以墅乞尔

江揔

陳書江揔七歲而孤依于外氏聰敏爲舅吳平光侯蕭勱鍾愛謂曰尔神采英拔後之知名當出吾右杜詩云江揔外家養

秦晉

晉侯曰康公我之自出注秦康公晉外甥也左傳

王褒

三國典略周獲梁俘王褒王克等至長安太祖喜謂褒克曰吾即王氏甥也卿等並吾之舅氏當以親戚爲情勿以去鄉分意

詩頍弁

豈伊異人兄弟甥舅

韓充

唐韓充依舅李元，元爲河陽節度使，署充爲牙將。元曰：「我知君舊矣，吾兒不才，不足累卿者，二女方幼，以爲託。」後元没，充爲嫁二女，周其家。

韓伯

晉韓伯，殷浩之甥也。浩素愛賞之。浩徙東陽，伯隨至徙所。經歲還都，浩送至渚側，詠曹顏遠詩云：「富貴他人合，貧賤親戚離。」因而泣下。

劉輿

劉輿字慶孫，弟琨字越石，並爲尚書郎，郭弈之甥，名著當時。京師爲之語曰：「洛中弈弈，慶孫、越石。」

孫甥

釋文成對聯句綴戚觴孫甥考鐘餽肴核

彌甥

季康子曰以肥之得備彌甥也注季康子名肥彌遠也康子父之舅氏故稱彌甥

祖舅

晉鎮南大將軍劉弘應詹之祖舅請詹為長史[illegible]君器識弘深後當代老子於荊南矣乃委以軍政

從孫甥

哀公二十五年曰從孫甥注姊妹之孫為孫甥

鍾瑾

後漢李膺之姑為鍾皓兄之妻生子瑾好學慕古有退讓風與膺同年俱有令名膺祖太尉脩常言瑾似我家

性邦有道不廢邦无道免於刑戮者也以備妹妻之一人
趙國相益之女
袁彖
南史蔡興宗妻劉氏早卒一女甚幼外甥袁顗始生一
子彖而甥婦劉氏亦死袁顗之母即興宗之姊也一孫
一姪躬自撫養年齒相比欲爲昏姻每見興宗輒言此
意大明初詔興宗女与南平王敬猷昏興宗以姊生平
之懷屢經陳啓帝曰卿諸人各欲行己意則國家何由
得昏且姊言豈是不可違之處耶舊意既乖彖亦他取
其後彖家不終顗又禍敗彖等淪廢當時孤微理盡敬
猷遇害興宗女與子發居名門高胄多欲結姻明帝亦
勑適謝氏興宗並不許以女適彖

崔休

崔休少謙退事母孝謹及爲尚書爲子仲文取丞相高陽王雍女休母房氏始欲以休女妻其外孫邢氏休乃違母情以女適領軍元乂庶長子舒議者非之

袁湛

南史袁湛與弟豹並爲從外祖謝安所知安以兄子玄女妻湛

孫權

吳主孫堅與徐眞相親以妹妻眞生琨琨女徐夫人初適同郡陸尚尚卒堅子權聘以爲妃

遊子

李白

李白上裴長史書曰士生則桑弧蓬矢射乎四方故大丈夫必有四方之志乃杖劍去國辭親遠遊南窮蒼梧東涉溟海見鄉人相如大誇雲夢之事云楚有七澤遂來觀焉而許相公家見招妻以孫女便憩跡于此至移三霜焉白有詩送內遊廬山云多君相門女學道愛神仙

王陟

太原王陟貞元二年應進士舉時京師宣陽里有善筮居南垣之下號垣下生陟從筮焉卦成生曰郎君後二十三年及第是狀頭更兩年方生郎君待此人應舉然後同年及第陟密識之後果舉皆爲所絀遂爲五嶺之遊至盧陵郡謁太守馬該深爲該所知遇仍妻以幼女

至元和至京時張弘靖知舉及第牓出後於礼部南院
候參主司見首立者富有春秋即韋瓘也陟忽記垣下
之言試問其年韋公荅曰某貞元四年生今二十一歲
矣陟乃取垣下生所記示衆人皆大驚續定命録

患難

慶封

史記吳世家齊相慶封有罪自齊來奔吳吳予慶封朱
方之縣以爲奉邑以女妻之

公冶長

子謂公冶長可妻也雖在縲絏之中非其罪也以其子
妻之

李燮

後漢李文姬李固之女趙伯英之妻賢而有智見父固策罷知不免禍時弟燮年十三文姬乃告父門生王成曰君有古人之節今委君以六尺之孤李氏存滅其在君矣成乃將燮乘江東下入徐州界內变姓名爲酒家傭酒家異之以女妻燮十餘年間梁冀既誅大赦天下存録固後乃以本末告酒家酒家厚遣之皆不受

劉禪

劉備坐小沛不意曹公卒至遑遽弃家屬奔荊州禪時年數歲隨人入漢中爲人所賣扶風人劉括買得禪問知其良家子遂養爲子爲取婦生一子

裴伷

唐裴炎以請武后歸政賜死從子伷坐流北廷無復名

檢擧居貲贍五年至數千万遂娶降胡女爲妻有黃金
駿馬牛羊以財自雄中宗即位召爲太子詹事丞

杜祁公

東軒筆録曰杜祁公衍越州人父早卒遺腹生公前母
有二子不孝其母改適河陽錢氏公年十五六其二兄
以爲其母匿私財以適人就公索之不得引劍斫之傷
腦走投其姑姑匿其重橑上出血數升僅而得免乃詣
河南歸其母繼父不之容往來孟洛間貧甚傭書以自
資嘗至濟源富民相里氏奇之妻以女由是資用稍
給後舉進士殿試第四及第其長兄猶存待遇甚有恩
禮二兄及錢氏姑氏子孫受公蔭補官者數人仍皆爲
之烟昏

寒素

王育

晉王育字伯春少孤貧爲人牧羊每遇小學必歔欷流涕時有暇即折蒲學書忘而失羊爲羊主所責育將鬻巳以償之同郡許子章敏達之士也聞而喜之代育償羊給其衣食使与子同學以兄之女妻之爲立別宅分之資業育受之无愧色

崔休

崔休少孤貧矯然自立舉秀才入京師尚書王嶷欽其人望爲長子聘休妹贈以資財由是少振

呂諲

唐呂諲河東人少修整勵志於學早孤貧不能自振鄉

人有程延賓者家富於財遂娶其女延賓与子褒重其才厚分資贍濟其所欲故稱耆曰廣至天寶初李進士調寧陵尉

酈氏

酈仲隱女幼敏惠父母奇之欲以歸士大夫而批其不能自致西京作坊使宋君始喪其室聞酈氏之風以禮迎之入宋氏族婣皆稱其懿行山谷文

有疾

鈎弋夫人

漢孝武鈎弋夫人趙婕妤家在河間望氣者言此室有奇女天子氣使使召之既至兩手皆拳上自披之手即時伸由是得幸号拳夫人居鈎弋宮生昭帝

杜后

晋成恭杜皇后預之曾孫也成帝以后奕世名德備礼拜為后后有姿色然長猶无齒有來求昏者輒中止及納采之一夜齒尽生

宿瘤

齊東郭採桑之女其項有大瘤故号宿瘤初閔王出遊至東郭百姓尽觀宿瘤道傍採桑如故王怪之召而問曰寡人出遊車騎甚衆人无少長皆棄事來觀汝曾不一視何也對曰妾受父母之教採桑不教窺大王王曰此賢女也命後乘載之女曰父母在内妾不受教而隨大王是奔女也大王又安用之王大慙曰寡人失之於是還歸使使者奉礼加金百鎰往聘迎之閔王歸見諸

夫人告曰今日出遊得一全女今至斥汝屬矣諸夫人皆莊之盛服而待及其至宮中諸夫人皆掩口而笑不能自止王大歎曰旦无笑不飾耳夫飾与不飾故相去十百也女曰夫飾相千万尚不足言何獨十百也王曰何以言之對曰性相近也習相遠也昔者堯舜桀紂俱天子也堯舜自飾以仁義雖為天子安於節儉茅茨不翦采椽不斲後宮不重采食不重味至今數千歲天下歸善焉桀紂不自飾以仁義習為苛文造為高臺深池後宮蹈縠弄珠玉意非有饜時也身死國亡為天下笑至今千餘歲天下歸惡焉由是觀之飾与不飾相去千万尚不足言何獨十百也於是諸夫人皆大慙閔王大感瘤女以為后出令卑宮室填池澤損膳減樂宮不重

采則月之間化行鄰國諸侯朝之侵三晉懼秦楚一立
帝号閔王至於此也宿瘤女有力焉

丁儀

魏太祖以丁儀令士未見欲妻之問五官將五官將不可及辟儀到嘉其才曰丁掾即兩目盲亦當与況但眇乎吾兒誤我五官將即文帝也

崔氏

北史崔巨倫有姊明惠有才行因患眇一目內外親族莫有求者其家議欲下嫁之巨倫姑趙國李叔胤之妻聞而悲感曰吾兄盛德不幸早世豈肯令此女屈事卑族乃為子翼納之時人歎其義識

孫泰

唐孫泰姨老以二女爲托曰長女損一目汝可妻其女弟姨卒取其姊或詰之答曰人有廢疾非泰何適

盧柔

盧柔字子剛性聰敏好斈能屬文但口吃不能持論頗使酒誕節爲世所譏司徒臨淮王彧見而器之以女妻焉

劉廷式

劉廷式本田家鄰舍翁有女約与爲昏契闊數年廷式登第歸鄉訪鄰翁而翁已死女因病雙瞽家極困餓廷式使人申前好而女之家辭以疾仍以傭耕不敢姻上大夫廷式曰与翁有約豈可以翁死女疾而背之乎卒与成昏閨門極睦其妻相携而後行凡生數子廷式嘗

坐小譴監司欲以逐之書其表行遂爲之闊略其後言文
死哭之極哀東坡高其行爲文以美之（夢溪筆談）

周恭叔

周恭叔自太李早年登科勿議毋黨之女登科後其女
双瞽遂娶焉愛過常人伊川曰其未三十亦做不得此
事（尹氏言行録）

姚顗

五代姚顗字伯眞少意不脩容止任其自然時人莫之
知唯中條山処士司空圖一見以爲奇士以女妻之举
進士爲梁翰林學士

呂君

華陰呂君文举進士聘里中一女後既中第婦家言曰吾女

故無疾既聘而後言敢許呂君曰既聘而後言君不爲欺又何辭遂娶之生五男子皆中進士第其一丞相汲公是也陳無已叢談

婚禮新編卷之十七

婚礼新編卷之十八

武夷丁　昇之　集

報婚

季芉

左傳定公四年吴師入郢楚子取其妹季芉以出楚昭王之奔鄭楚大夫鍾建負季芉以從王將嫁季芉季芉辭曰所以爲女子遠丈夫也鍾建負我矣以妻鍾建以爲樂尹

長孫承業

北史長孫承業少輕俠殺人亡抵龍門將陳興德家會赦及免因以後妻羅氏前夫之女呂氏妻興德兄興恩以報之羅氏年大承業十餘歲酷妬忌承業雅相敬愛

段氏

南燕慕容超乃北海王納之子慕容德之兄符堅破鄴以納爲廣武太守後符昌收及德諸子皆誅之納母公孫氏以耄獲免納妻段氏方娠未決囚之于郡獄獄掾呼延平德之故吏也甞有死罪德免之至是將公孫氏及段氏逃于羌中而生超爲其後超母謂超曰吾母子全濟呼延氏之力乎今雖死吾欲爲汝娶其女以荅厚德於是取之

太宗

魏鄭公病亟太宗領幼女曰无以報卿功德卿強開眼認取新婦公曰大事去矣終不能主領後數年公主下嫁叔玉

張孝忠

唐張孝忠為成德軍節度使朱滔悉兵攻之帝詔李晟率師援孝忠滔解去孝忠因與晟結婚

賀瓌

五代史和凝字成績舉進士梁義成軍節度使賀瓌辟為從事瓌與唐莊宗戰于胡柳瓌敗脫身走獨凝隨之反顧見凝麾之使去凝曰丈夫當為知已死吾恨未得死所爾豈可去也已而一騎追瓌幾及凝叱之不止即引弓射殺之瓌由此得免瓌歸戒其諸子曰和生志義之士也後必富貴爾其謹事之因妻以女後官至太子太傅封魯國公

北史盧玄傳曰以崔浩事棄官逃於高陽鄭羆家羆匿之使者因羆長子將加捶楚羆誡之曰君子殺身以成人汝雖死勿言子奉父命遂被考掠乃至火爇其體因以物故卒無所言度世後令弟娶羆妹以報其恩

財婚

陽雍伯

干寶搜神記陽公雍伯洛陽人性篤孝父母亡葬無終山遂家焉山高无水公汲水作義漿於坂頭行者皆飲之居三年有一人就飲出一升石子与之云使向平好地有石処種之玉當生其中後當得好婦言訖不見公乃種其石數年往視玉子生焉其平徐氏有女多求不許公試求焉徐氏以爲狂乃戲謂人曰得白璧一雙來

當与翁婚公至所種石中得白璧五雙以聘徐氏禾驚
遂以女妻之天子異之拜爲大夫於種玉之処名爲玉
田生十男皆俊異位至卿相右北平諸陽其後也

張公

神仙傳張老者六合縣園叟鄉有韋恕父既笄召媒訪
良壻張老曰幸爲我求之媒罵曰何不自度豈有衣冠
之女肯嫁園叟耶老曰但一言之不從則已媒入言之
韋怒曰爲吾報之今日内得五百緡則可老曰諾不移
時而錢至韋大驚曰吾度其必無而言之今如之何潛
候其女女曰此固命也不得已遂許焉張老既娶韋氏
業不廢負穢钁地鬻蔬不輟其妻躬執爨濯了无怍色
親戚咸惡之老曰今既相厭去亦何難王屋山下有小

庄明旦且歸他日相思可令大兄來天壇山南相訪既去杳然无耗後數年恕令男義方至天壇山訪之遇其奴曰大郎何久不來引至一甲第青衣引一衣冠人引韋前拜乃張老也言曰賢妹略梳頭即奉見引入堂内略叙寒温而已留經日而别奉金二十鎰并一故席帽曰兄若無錢可於揚州賣藥王老家取一千万持此爲信韋歸持帽往王老家果得錢後再尋之不復有路

屠牛吐

齊王厚送女欲妻屠牛吐屠牛吐辭以疾其友曰子孫死腥臭之肆而已乎何爲辭之吐應之曰其女醜其友曰子何以知之吐曰以吾屠知之其友曰何謂也吐曰吾肉善如量而去若少耳吾肉不善雖以吾附益之尚

猶賫不售今厚送子子醜故耳其友後見之果醜其情目擗杏齒如編貝（韓詩外傳）

秦伯

韓子曰昔秦伯嫁女於晉公子爲之飾裝從文衣之媵七十人至晉晉人愛其妾而不愛公女此可謂善嫁妾矣未可謂善嫁女也

鄧駱駝

唐西京富商鄧鳳織有高背曲有似駱駝時人號爲鄧駱駝嘗内嫁女邀諸朝士賓客數千夜擬供帳備極華麗及女郎將出侍婢圍繞綺羅珠翠垂釵曳履尤艷麗者數百人衆皆愕然不知誰是新婦（西京雜記）

饒利用

饒利用其父故人柳氏薦往姚道古幸數年而道古擢第授德州從事利用往謁之大獲儲資乃憑怙公人賤采貴貨不數年獲貲息迨至十數倍時有友人官于臨晉貸于利用及子本將併遂往督之時僅千緡會刘孟堅新第授臨晉簿頗窘京負又繁因見利用能自矜飾壯于資鏹乃以妹配焉　野史

封述悋嗇

封述前妻河內馬氏一息爲取隴西李士元女大輸財聘及將成礼猶競懸違忽取所供養像對士元打像爲誓士元笑曰封公何処常得應急像須誓使用一息取范陽盧莊之女述又經府訴云送騾乃嫌腳跛評田則云鹹薄銅器又嫌古廢皆爲悋嗇所及每致紛紜

蕭惠開

蕭惠開妹當適桂陽王休範女又適孝武子發遣之資應須一千万乃以爲豫章長史肆意聚納由是在郡著貪暴之名

衛人

韓子曰衛人嫁其子而教之曰必私積聚爲人婦而出常也其成居幸也其子因私積聚其姑以爲多私而出之其子所以反者倍其所以嫁其父不自罪於教子非也而自知其益富

奢華尚素

袁隗

汝南袁隗妻扶風馬融之女字倫少有才辯家世豐豪

妻遣之豈及初成禮隗問之曰婦事舅姑奉箕帚而已何乃過珍麗乎對曰慈親垂愛不敢違命君若慕鮑宣梁鴻之高妾亦請從少君孟光之事又曰弟先兄舉世以爲笑今貌姊未適先行可乎答曰妾姊高行殊邈未遭良匹不似鄙薄苟然而已隗不能屈帳外聽者爲慙讓

孔淳之

孔淳之與王敬弘等世爲人外之遊申以婚姻敬弘女妻淳之子尚以烏羊繫所乘車轅提壺爲禮至則盡歡竟暮而歸妻怪之答曰固亦農夫田父之禮也

裴坦

僖宗實録裴坦爲相性儉素子娶楊收女資給豐厚器用多犀玉坦見之蹙然命撤之曰破我家矣而收終以

既敗，退居太平里，号太平裴相。出夢溪筆談

劉凝之

劉凝之妻梁州刺史郭銓女，遣送豐麗，凝之悉散之親
親，妻亦能不慕榮華，与凝之共居儉苦。出南史

范文正公

范文正之子純仁娶婦，或傳婦以羅爲帷幔者，公聞
之不悦，曰：「羅綺豈帷幔之物耶？吾家素清儉，安得乱吾
家法？敢持至吾家，當火於庭。」出遺訓

謙遜

敝无存

齊侯伐晉夷儀，敝无存之父將室之，辭，以與其弟，曰：「此
役也不死，反必娶於高、國。」注：无存，齊人也。室之，謂娶妇

逆高氏國氏齊貴族也无宥欲以功還娶偪翔之女也 定公元年

黃公

尸文子曰齊有黃公者好謙卑有二女皆國色常謙辭毀之以爲醜惡醜惡之名遂遠布年過而一國無敢聘者衛有鰥夫失時冒娶之果國色

蒼吾繞

淮南子曰蒼吾繞取妻而美以讓其兄此謂忠愛而不可行者也注蒼吾繞孔子時人以妻美好推与其兄於兄則愛矣而違親近曲領之義故不可行也家語曰蒼梧饒取妻而美讓与其兄讓則讓矣非礼之讓也 六本篇

韋孝寬

韋孝寬長子諶年十歲文帝欲以女妻之孝寬辭以兄子世康年長帝嘉之遂妻世康北史

劉芳

宋文帝太子劭之在東宫帝欲爲納劉芳女芳辭以年衰非宜帝歎其謙退

連襟

叔隗季隗

晉公子重耳奔狄狄人伐廧咎如獲其二女叔隗季隗納諸公子公子取季隗以叔隗妻趙衰僖公二十三年

蔡哀侯息侯

左傳蔡哀侯取于陳息侯亦娶焉息嬀將歸過蔡蔡侯曰吾姨也止而見之弗賓息侯聞之怒使謂楚文王曰

伐我吾求救於楚而伐之楚子從之第十一年

彌子子路

子路在弟子号為好勇天下之剛強也而衛彌子者至以色悦人天下之至柔弱人也然同為友壻故孟子曰彌子之妻与子路之妻兄弟也彌子謂子路曰夫子主我衛卿可得也彌子是其衛靈公之時也何二人賦性之殊也

大橋小橋

周瑜字公瑾為中護軍從孫策攻皖拔時得橋公兩女皆國色策自納大橋瑜納小橋策從容戲瑜曰橋公二女雖流離得吾二人作壻亦足為歡瑜年二十四吳中皆呼為周郎焉

王庾

宋武帝使王華爲桓修訪素門嫁其二女華爲從父弟

取大女以小女適潁川庾敏度亦是舊族南史

蕭陸

蕭嵩以容儀偉秀美鬚髯初婚賀晦僚婿陸象先宰相子

時爲洛陽尉已有名士爭往交而嵩汨汨未仕人不之

異宣州夏榮善相謂象先曰陸郎十年內位極人臣然

不及蕭郎一門尽貴官位高而有壽年明皇纖時人未

之許後嵩至太子太師象先至太子太保嵩子衡尚新

昌公主妻入謁帝呼爲親家

二崔

崔休弟之子慈字長謙濟州刺史盧尚之欲以長女妻

之休爲子梭求尚之次女曰家道多由婦人欲令姊妹爲妯娌尚之感其義於是同日成昏休戒諸子曰汝等宜皆一體勿作同堂意若不用吾言鬼神不享汝祭祀

賈充二壻

晉賈充二女一爲齊王攸妃一爲武帝太子妃武帝疾篤朝廷屬意齊王河南尹夏侯和謂充曰卿二女壻親踈等耳立人當立德充不答

王歐

王拱辰与歐陽文忠公同爲薛簡肅公子壻文忠与拱辰雖爲友壻文忠心少之文忠爲參政時吏擬進拱辰爲僕射文忠曰僕射宰相官也王拱辰非曾任宰相者不可終身不至執政

范鄭王滕

李參政昌齡家女多得貴婿參政范公仲淹樞副鄭公戩皆自小官布衣選配爲連袂及都官公晉卿有二女其長子太廟齋郎遜与前岳州判官王陶樂道布衣滕甫元發相善多會于許之長葛一旦李死附家人語云吾未知長者配樂道次者元發我家得二婿足矣然時二君一雖仕一尚在場屋皆非常士也而李隂有所知家人及二君亦樂聞遂皆連袂次年元發第三人登科而王尚幕職不日進擢相繼爲翰林學士已而遂爲兩府故世多傳李氏之門女多貴焉吳曾漫錄

亞婿

爾雅曰兩婿相謂爲亞婿注云今同門婿爲僚婿是也

毛詩瑣瑣姻亞則無膴仕注瑣瑣小皃兩壻相謂曰亞言一人取姊一人取妹相亞次也

友壻

上問嚴助居鄉里時助曰家貧為友壻富人所辱注同門之壻曰友壻

大虎小虎

吳主孫權步夫人生二女長曰魯班字大虎前配周瑜子循後配全琮少曰魯育字小虎前配朱據後配劉纂

兩女乘龍

楚国先賢傳孫儁字文英与李元礼俱取太尉桓焉女時人謂桓叔元兩女俱乘龍言得壻如龍也一本云孫秀初學記云云黃尚

婚禮新編卷之十九

繼婚

武夷丁　昇之　集

齊晉

昭公二年夏四月韓須如齊逆女齊陳無宇送女致少姜少姜有寵於晉侯晉侯謂之少齊少姜卒齊侯使晏嬰請繼室於晉曰寡君不腆先君之適以備內官焜燿寡人之望則又無祿早世隕命寡人失望君若不忘先君之好惠顧齊國辱收寡人徼福於太公丁公照臨敝邑鎮撫其社稷則猶有先君之適及遺姑姊妹若而人君若不棄敝邑而辱使董振擇之以備嬪嬙寡人之望也韓宣子使叔向對曰寡君之願也寡君不能獨任其社稷之事未有伉儷在縗絰之中是以未敢請君有辱

命惠莫大焉若惠顧敝邑撫有晉國賜之内主豈唯寡君舉羣臣實受其貺其自唐叔以下實寵嘉之遂成婚

聲子

隱元年惠公元妃孟子孟子卒繼室以聲子生隱公注聲子孟子之姪娣也諸侯始娶則同姓之國以姪娣媵元妃死則次妃攝治内事猶不得稱夫人故謂之繼室

崔浩

北史崔浩始娶太原郭逸以女妻之逸妻王氏宋鎮北將軍王仲德姊也每奇浩才能自以爲得婿俄而女亡深爲傷恨欲以少女繼婚於浩逸及親屬以爲不可王氏固執與之逸不能違遂重結好逸又以一女妻浩弟上黨太守怡時浩親寵用事拜逸徐州刺史

馮左藏

張顯壽開封人世爲閤門祗候長女適左藏庫使馮公不幸早世方其疾甚遺言吾妹慈惠可以撫諸孤又族黨在聞其妹之德言同卜良遂以嗣之　張舜民文

劉燁

龍圖劉燁未第前娶趙尚書晁之長女早亡趙氏二妹皆未適人既而劉公登第晁已捐館夫人復欲妻之公曰若是武有之德則不敢爲姻如言禺別之州則庶可從命蓋不欲以七姨爲匹欲九姨議婚也夫人曰諺云薄餅從上揭劉郎才及第豈得便拔點人家女公曰非敢有擇但七姨骨相寒薄非其之匹九姨乃真匹也遂娶九姨

歐公

王懿恪公拱辰與歐陽文忠公同爲薛簡肅公奎之子婿文忠公先娶懿恪夫人之姊再娶其妹故文忠公有舊女婿爲新女婿大姨夫作小姨夫之戲

李行修

故諫議大夫李行修娶江西廉使王仲舒女王氏有幼妹常挈以自隨行修亦深所鞠愛如己同氣元和中行修寓居東洛忽夢再娶婦即王氏之幼妹驚覺甚惡之遽歸入門見王氏擁膝而泣行修家有舊使蒼頭頗橫常忤王氏其時行修意王氏爲蒼頭所忤乃罵曰是還是此老奴欲杖之尋究其由家人皆曰老奴於廚中自説五更作夢夢阿郎再娶王家小娘子行修以符己之

夢尤惡其事乃强喻王氏曰此老奴夢安足信無何王氏果以病終時王仲舒出牧吳興凶問至悲慟且極遂疏書託行修續親行修傷悼固阻王公之請後二三年王公屢諷行修託以小女行修堅不納及行修除東臺御史程次稠桑驛因王老人之術獲見前妻王氏行修方欲伸離恨王氏因止之曰與君幽顯異途深不願如此貽吾之患苟不忘平生但得納小妹即於某之道盡矣從是行修續王氏之婚

繼室

鄭袤

晉鄭袤先娶孫氏早亡再聘魯國曹氏爲繼室曹氏事姑甚孝躬紡績之勤以充奉養至叔姪群妹之間盡其

禮節或得歡心

劉原父

劉原父晚年再娶歐公以二絶戲之曰平生志氣有誰先下筆文章海内傳明日都城應帋貴開簾却扇見新篇仙家千載一何長浮世空驚日月忙洞裏新花莫相笑劉郎今是老劉郎

傅玄

晉杜有道妻嚴氏字憲貞淑有識量年十三適于杜氏十八而嫠居子植女韡並孤藐憲雖少誓不改節撫育二子教以礼度植遂顯名於時韡亦有淑德傅玄求為繼室憲便許之時玄與何晏鄧颺不穆晏等每欲害之時人莫肯共婚及憲許玄内外以為憂懼或曰何鄧執

權必爲玄害亦猶排山壓卵以湯沃雪耳奈何與之爲親憲曰尔知其一不知其他晏等驕侈必當自敗司馬太傅睡獸耳吾恐卵破雪銷行自有在遂與之爲婚晏等尋爲宣帝所誅 晉書

衛玠

衛玠妻先亡征南將軍山簡敬之甚相欽重簡曰昔戴叔鸞嫁女惟賢是與不問貴賤况衛氏權門貴户令望之人乎於是以女妻焉

李敬元

李敬元進吏部尚書凡三娶皆山東舊族又與趙李氏合譜故臺省要職多族姻家

武士彠

唐武士彠檢校右廂宿衛喪妻高祖謂曰朕自爲卿擇佳偶隋日有納言遂寧楊達英才冠絶弈葉親賢今有女志行賢明可以輔德遂令桂陽公主與楊家作婚十降敕結親底事官給

陸希聲

麗情集余媚娘適周氏夫亡以介潔自守陸希聲使媒遊説媚娘曰陸郎中不置側室及女奴則可爲婦希聲諾之既娶二年劈牋沫墨更唱迭和後無何希聲又獲名姬柳舜英者媚娘怨之諭令入家同處希聲以爲誠然既共居畧無他説俟希聲他適即召舜英閉室中手刃殺之

董義夫

董義夫名鉞自梓漕得罪歸鄱陽過東坡於齊安怪其豐腴自得曰吾再娶柳氏三日而去官吾固不戚戚而憂柳氏不能忘懷於進退也已而欣然同憂患如處富貴吾是以益安焉乃令家童歌其所作滿江紅東坡嗟嘆之不足乃次其韻憂喜相尋風雨過一江春綠巫峽夢至今空有亂山屏簇何似伯鸞攜德耀簞瓢未足清歡足漸纍然光彩照階庭生蘭玉幽夢裏傳心曲腸斷處憑他續文君壻知否笑君卑辱君不見周南歌漢廣天教夫子休喬木便相將左手抱琴書雲間宿樂天廬山草堂記左手引妻子右手抱琴書終老於斯以成就平生之志清泉白石實聞斯言秦系[illegible]遂妻[illegible]共老煙霞

再醮

七子母

凱風美孝子也衛之淫風流行雖有七子之母猶不能安其室故美七子能盡其孝道以慰其母心而能成其志爾母氏聖善我無令人注不安其室欲去嫁也聖睿作聖令善也言母有睿智之善而能育我我七子無善不能報之故母不安其室欲去嫁也故曰有子七人莫慰母心

東郭偃妹

齊棠公之妻東郭偃之姊也棠公死崔武子見棠姜而美之使偃娶之偃曰不可武子筮之遇困之大過史曰吉示文子文子曰夫從木風隕木不可取也武子曰嫠也何害先夫當之遂取之

尹氏

涼武昭王李玄盛后尹氏幼好學有志節初適扶風馬元正元正卒爲玄盛繼室以再醮之故三年不言撫李氏前妻之子逾於己生

勢婚

齊景公

孟子離婁上齊景公曰既不能令又不受命是絶物也涕出而女於吴注吴夷狄也時爲強國故齊侯畏而恥之泣涕而與爲婚

蜀先主

蜀劉備爲荆州牧孫權稍畏之以妹妻焉妹才捷剛猛有諸兄之風侍婢百餘人皆執刀侍立先主每入中常凛凛法正傳

孫堅

孫堅吳夫人權之母也早失父母與弟居堅聞其才皃欲娶之吳氏親戚嫌堅輕狡將拒焉堅甚慚愧夫人謂親戚曰何愛一女以取禍乎如有不遇命也於是遂許爲婚生四男一女及權統業夫人助理國政甚有補益

荀緄

魏荀彧父緄爲濟南相緄畏憚宦官乃爲彧娶中官常侍唐衡衡欲以女妻汝南傅公明公明不娶轉以女妻荀彧緄慕衡勢識彧娶之爲論者所譏臣松之云時閹豎用事四海屏氣尤懼唐衡順則六親以安違則大禍立至昔者蔣詡姻于王氏無損清高之操緄之此婚庸何傷乎

茹皓

茹皓爲驍騎將軍有寵於世宗北海王詳以下皆憚之皓乃爲弟聘安豐王延明妹延明恥非舊流不許詳強勸之云欲覓官如何不與茹皓婚姻也延明乃從之

錢元瓘

晉錢元瓘鏐之第五子也起家爲鹽鐵發運判官表授尚書金部郎中許再思等爲亂宣州田頵要盟鏐遍問諸子曰誰能爲吾爲田氏之婿者例有難色時元瓘年十六進步而對曰唯大人之命由是就親於宣州三歲復焉

蕭穎胄

南史蕭穎胄欲劉大舉慮夏侯詳不同以告柳忱忱曰

易耳近詳家婚未之許今成婚而告之不亦異矣於是以女適詳之子變而大事方建

吉懋

唐冀州長史吉懋欲爲男頊娶南宮縣丞崔敬女敬不許因有故挾以求親敬懼而許之擇日下函并花車卒至門首敬妻鄭氏初不知抱女大哭曰我家門户低不曾有吉郎女堅卧不起其小女白其母曰父有急難殺身救解設令爲婢尚不合辭姓望之家何足爲恥姊若不可兒自當之遂登車而去頊遷平章事賢女達節談者榮之

宇文翊

唐宇文翊深慕上科有女國色歸中令子弟求一上科

杏賣瑫七十餘方謀繼室瑫兄回爲諫議能爲人致科第遂以女與瑫瑫爲回言果得第宰相韋詭即其中表深鄙之 北夢瑣言

路秀

晉周顗母李氏字絡秀少時在室顗父浚爲安東將軍時出獵遇雨止絡秀之家會其父兄不在絡秀聞浚至與一婢於內宰豬羊具數十人之饌甚精辦而不聞人聲浚怪使覘之獨見一女甚美浚因求爲妾其父兄不許絡秀曰門戶殄瘁何惜一女若連姻貴族將來庶有大益矣父兄許之遂生顗及嵩謨而顗既長絡秀謂之曰我屈節爲汝家作妾門戶計耳汝不與我家親親者吾亦何惜餘年顗等從命由此李氏遂得爲方雅之族

王渾

晉王渾後妻琅琊顏氏女王時為徐州刺史交拜訖王將答拜觀者咸曰王侯州將新婦州民恐無由答拜王乃止王濟以其父不答拜不成禮恐非夫婦不為之拜謂為顏妾顏氏恥之以其門貴終不敢離 世說

誑婚

王適

處士侯高將嫁其女懲曰吾以齟齬窮一女憐之必嫁官人不以與凡子王適曰吾求婦久矣唯此翁可人意且聞其女賢不可以失即謾謂媒嫗吾明經及第且選即官人侯翁女幸嫁若能令翁許我請進百金為嫗謝諾許白翁翁曰誠官人邪取文書來適計窮吁[illegible]

曰無若翁大人不疑人欺我得一卷書粗若告身者我袖以往翁見未必取視幸而聽我行其謀翁望見文書銜袖果信不疑曰足矣以女與王氏王適試不中第聞金吾李將軍年少喜士乃踏行告曰天下奇男子王適願見將軍白事一見語合意奏爲衛胄曹參軍引駕仗判官改試大理評事攝監察御史 韓文

諸葛㥚

諸葛㥚女庾亮子會婦既寡不復出此女性甚正强無有登車理㥚既許江虨音班婚乃移家近之後誑女云宜從於是家人一時去獨留女在後比其覺已不復得出江暮來女哭罵彌甚積日漸歇江暝而入宿但在對床上後觀其意轉貼江乃詐厭良久不寤声氣轉急女乃

呼娌云喚江郎覺江於是躍來就之曰我自是天下人男子何預卿事而乃見喚耶既尒相關不得不與人語女默然而慙情義遂篤恢女既改適與亮書及之亮荅曰賢女尚少故其宜也感念亡兒若在初没 世說

祖無擇

祖無擇龍圖晚娶徐氏有姿色議親之時無擇爲館職徐氏必欲訾相其人而無擇皃寢恐不得當也同舍馮京當世丰姿秀美乃諭媒妁誘馮出宿揚鞭躍馬經過徐居睒眙曰此祖學士也徐竊窺甚喜成婚始寤其非竟以反目離婚歐公詩云無擇名声重當世早歲多奇晚方偶蓋爲此也 詩話

強婚

公孫黑

左傳昭公元年鄭徐吾犯之妹美公孫楚聘之矣公孫黑又使強委禽焉（詳見女自擇門）

齊侯

宣公五年春公如齊高固使齊侯止公請叔姬焉（留公強成）昏

夏公至自齊書過也（公既見止連昏於鄰國之臣厭尊毀列累其先君故書以示過）

秋九月齊高固來逆女自爲也故書曰逆叔姬即自逆也（適諸侯稱女適大夫稱字所以別尊卑也不於莊二十七年發例者難[嫌]見迯而成昏因明之）

來俊臣

唐王慶詵女適段簡而美來俊臣矯詔強娶之

于頔

唐于頔嘗怒判官薛正倫奏貶陝州長史比詔下頔中

悔奏復舊職正倫死以兵圍其居強使孽子與婚昵

李泌

唐李泌無妻不食肉帝乃贈光福里第強詔食肉為娶朔方留後李暐甥婚日勑北軍供帳

裴兵曹

唐天寶中益州士曹柳某妻李氏容色絕代時節度使章仇兼瓊新得吐蕃安戎城差柳送物至城所三歲不復命李在官舍重門未嘗啓時有裴兵曹詣門云是李之中表丈人李云無裴家親門不令啓裴因言李小名兼說其中外氏族李方令開門致拜因欲飡裴人質甚雅因問柳郎去幾時答云已三載矣裴云三載義絕古人所言今欲如何且丈人與子業因啓為伉儷頗無拒

非僭也而竟爲裴丈所妻似不由人可否也裴兵曹者亦既娶矣而章仇公聞李之妖色意欲窺覘乃令夫人設會召府縣之妻李服益部之盛服以行裴顧衣而歎曰世間乃着如此衣服謂小僕可歸開箱取第三衣來李云不與第一而與第三何也裴曰第三亦非人世所有矣須臾衣至服見章仇夫人夫人曰兵曹之妻容飾絕代章仇後見許老翁曰裴公乃上元夫人衣庫之官俗情未盡耳神仙感遇傳

柳仲塗

國朝柳開字仲塗知潤州有監兵錢供奉者亦忠懿之族屬乃父方奉朝請在京師柳秉間來謁造其書院見壁間有繪婦人像甚美詰以誰氏監兵曰某之女弟也

沈筭矣柳喜曰某老得踰耆顧娶爲繼室錢曰侯白家君敢議姻事柳曰以某之材學不辱于錢氏之門遂強委禽焉不旬日遂成禮錢不之敢拒走介白父父遂亡上變面訴柳開刼取臣女　仁宗曰識柳開否真奇傑之士卿家可謂得佳婿矣吾爲卿媒可乎錢父不敢再言拜謝而退

高乾

比史高昂少與兄乾數爲刼掠鄉閭長之無敢違忤乾求博陵崔聖念女爲婚崔氏不許昂與兄往刼之置女村外謂兄曰何不行禮於是野合而歸

周行逢

周行逢命何景山爲益陽令強取其孀婦王氏行逢曰汝

嘗約已省過守一片綠衫何以強取人家婦女具以曰甲吏無他蓋存恤孤寡行達曰何不覓其賦稅免其徭役反置之於家於理安乎[illegible]近事

諫婚

張安世

前漢許廣漢以罪輸掖庭為暴室嗇夫時宣帝養於掖庭號皇曾孫與廣漢同寺居時掖庭令張賀本衛太子家吏及太子敗賀坐下刑以舊恩養視皇曾孫甚厚及曾孫壯大賀欲以女孫妻之時昭帝始冠賀弟安世與霍光同心輔政聞賀稱譽皇曾孫欲妻以女安世怒曰曾孫乃衛太子後也幸得以庶人衣食縣官足矣勿復言與女事時廣漢有女平君年十四五當為歐侯氏子

婦臨當入門歐侯氏子死其母將行卜相言當大貴賀
聞許嗇夫有女乃置酒請之酒酣爲言曾孫可妻也廣
漢許諾嫗聞之怒廣漢重令爲介便令作媒遂與曾孫一歲
生元帝數月曾孫立爲宣帝

秋胡

杜陵秋胡能通尚書善爲古隸字爲翟公所禮欲以兄
女妻之或曰秋胡已娶而失禮妻遂溺死不可妻也馳
象曰昔魯人秋胡妻赴水而死今之秋胡非昔之秋胡
也豈得以昔之秋胡失禮而絕婚今日之秋胡哉西京雜記

王司封

張金部名方爲白波三門發運使王司封名湛爲副使
又潞公父令公名昇爲屬官皆相善張被召去薦令公

爲代文潞公爲子弟讀書於孔目官張望家一士司封欲以女嫁潞公其妻曰文彥博者寒薄其可託乎乃已鄧氏聞見錄

盧氏

白敏中爲相嘗欲以前進士侯溫爲子壻且有日矣其妻盧氏曰身爲宰相願爲我壻者多矣已旣姓白又以侯氏兒爲壻必爲人呼作侯白耳敏中爲之止焉

樊儵

後漢樊鮪爲子賞求楚王英女敬鄉公主兄儵聞止之曰建武時吾宗並受榮寵一宗五侯時特進一言女可配王男可尚主但以貴寵過盛即爲禍患故不爲也且一子奈何弃之於楚乎鮪不從注樊宏爲特進也

幻卿

幻卿少与表兄有文字之好兄欲締姻屢白父母父母以兄未祿難其請遂与武弁明年兄登甲科良人統兵陜右兄職教兆防避迫于此揚鞭略不相顧豈前憾有未平邪因作浪淘沙以紀情極目楚天空雲雨无蹤謾留遺恨鎖眉峯爭奈荷花開較晚辜負東風嘶馬嘆飄蓬聚散匆匆揚鞭寧忍驟驊騮望斷斜陽人不見滿袖啼紅詩話

婚禮新編卷之二十

武夷丁　昇之　集

神仙

劉阮

齊諧志漢明帝永平中剡縣有劉晨阮肇入天台山採藥迷失道路粮尽望山頭有桃共取食之如覺少健下山澗飲水見蔓青菜及有一杯流出中有胡麻飯屑二人相謂曰去人不遠因過水行一里又度一山出大溪見二女容皃絕妙世所未有便喚劉阮姓名如有舊問郎等來何晚因邀過家廳館服飾精華東西各有床帳帷幔七寶瓔珞非世所有左右青衣端正都无男子須臾下胡麻飯山羊脯甚美又設甘酒有數仙女將三五

桃至云來慶女皆各出樂器歌調作樂日向暮仙女各還去劉阮就所邀女家止宿行夫婦之道留十五日求還女曰来此皆宿福所招得与仙女交接流俗何所樂遂住半年天氣和適常如二三月百鳥哀鳴悲思求歸甚切女曰罪根未滅使君等如此更喚諸仙女共作歌吹送劉阮從此山洞口去不遠至大路隨其言得還家鄉並无相識鄉里怪異乃驗得七代子孫傳聞上祖入山不出不知何在既无親屬欲還女家尋山路不獲至太康八年失二人所在

裴航

唐裴航備舟于襄漢同舟樊夫人国色也航賂其婢裊煙達詩曰同舟胡越猶懷思況遇天仙隔錦屏儻若玉

京朝會去須隨鸞鶴入青冥夫人曰妾有夫在漢南无以諧謔爲意与郎君小有因緣他日必爲姻懿今詩曰一飲瓊漿百感生玄霜搗盡見雲英藍橋便是神仙窟何必區區上玉京後經藍橋驛渴甚茅舍老嫗緝麻航揖之求漿嫗曰雲英擎一甌漿來航接飲之眞玉液也航憶樊夫人雲英之句謂嫗曰小娘子艷麗驚人願結厚礼娶之可乎嫗曰渠已許嫁一人但未就耳我老病有此女孫神仙遺藥一刀圭得玉杵臼搗百日方就欲娶此女但得玉杵臼其餘吾无所用航恨之而去月餘果獲杵臼挈抵藍橋嫗笑曰有如是信士吾豈惜女子而不酬其勞哉航夜窺之有玉兔持杵雪光耀室百日足嫗吞藥曰吾入洞爲裴郎具帷帳俄見大第仙童

侍女引航入帳諸親中有一女云妻姊曰不憶鄂渚同舟抵襄漢乎左右云是雲翹夫人劉綱天師之妻爲玉皇女史航將妻入玉峯洞中餌絳雪瑤英之丹超爲上仙傳奇

柳毅

儀鳳中柳毅下第歸湘濱至涇陽見一婦人牧羊曰妾洞庭龍君小女嫁涇川次子爲婢所惑日以厭薄又得罪於舅姑毀黜至此洞庭相遠信耗莫通聞君將還故寄尺牘洞庭之陰有大橘焉謂橘社君擊樹三當有應者毅許之後至洞庭果有橘社三擊而止有武夫揭水引毅以進見千門万户夫曰此靈虛殿也見一人被紫執圭毅曰昨至涇川見愛女牧羊風鬟雨鬢所不忍視

取書進之洞庭君泣曰老夫之罪使孺弱罹横告公陌
上人也而能急之詞未畢有赤龍長万丈餘擘天飛去
俄而祥風慶雲幢節玲瓏紅粧千万中有一人即前寄
書者也君曰涇水之囚至矣又一人被紫執圭即君弟
錢塘也告其兄曰辰發靈虛巳至涇陽午戰於彼未還
於此君曰无情君安在曰食之矣乃宴毅於碧雲宮錢
塘曰愚有詢衷　陳於公涇陽拨妻欲求託高義世爲
親毅不領宴罷辭去後兩娶皆亡再娶盧氏女兒類龍
以妻曰子即洞庭君女也涇上之辱君能救之此時誓
心求以爲報季父論請不從悵望成疾值君累娶継謝
獲奉閨房龍壽万歲今与君同之歲餘生一子同歸洞
庭莫知其跡

簫史

簫史者不知得道年代皃如二十許人善吹簫作鸞鳳之聲而瓊姿煒爍風神超邁真天人也混迹於世時莫能知之秦繆公有女弄玉喜吹簫公以弄玉妻之遂教弄玉作鳳鳴居十數年吹簫似鳳聲鳳凰來止其屋公爲作鳳臺夫婦止其上不飲不食不下數年一日弄玉乘鳳簫史乘龍昇天而去秦爲作鳳女祠時聞簫聲今洪州西山絶頂有簫史石仙壇石室及岩室真像存焉

仙傳

三星下降

唐御史姚生罷官居于蒲之左邑有子一人外甥二人年皆及壯頑駑不肖姚惜其不學日以誨責而怠遊不

棲遂於條山之陽結茅以居之與絕外事得專於學文到山中二甥曾不開卷惟姚子讀書甚勤忽一夜臨燭凭几披書之次覺所衣之裘後裾為物所牽遂迴視之見一小豚藉裘而伏色白如玉因以界方擊之聲駭而走秉燭索于堂中戶牖甚密而莫知豚之所往明日有蒼頭騎扣門而入謂三人曰夫人問訊昨夜以女兒无知誤入君衣裾殊以為慚然君擊之過傷今則平矣君勿為慮三人遜辭謝之相視莫測其故少頃室馬數百前後導從一青牛丹轂及門下車則夫人也三子趨出再拜夫人曰不意小兒至此君昨所傷亦不至甚恐為君憂故來相慰耳夫人年可三十風姿閑整俯仰如神問三子曰有室家未三子皆以未對曰吾有三女可配

三君子夫人留不去爲三子各創一院指頓而具晝日
有輜軿至爲貴從槃麗倫適於戚里三女自車而下皆年
十七八夫人引三女升堂又延三子就座酒殽果實非
世所有夫人指三女曰各以配君三子避席拜謝是夕
合卺夫人謂三子曰人之所重者生也所欲者貴也但
百日不泄於人令君長生度世位極人臣三子復拜謝
但以愚昧扞格爲憂夫人曰君勿憂斯易耳乃敕地上
主者令召孔宣父須臾宣尼具冠劒而至夫人臨階宣
父拜謁甚恭夫人端坐微勞問之謂曰吾三壻欲奉君
其尊之宣父乃命三子指六籍篇目以示之莫不了然
解悟大義悉通咸若素習宣父辭去夫人又命周尚父
示以玄女兵符玉笈秘訣三子又得之不遺三子玄之

天人才兼文武有將相之具矣其後姚使家僮負粮至則大駭而走姚問其故具對以屋宇帷帳之盛人物豔麗之多姚驚以爲是必山鬼所魅也促召三子三子將行夫人誡之曰慎勿泄露縱加楚撻亦勿言之三子至姚亦詰其神氣秀發占對閑雅姚曰三子驟尔必有君物憑焉苦問不言遂鞭數十不勝其痛具道本末姚素館一碩儒因召与語儒者驚曰大異大異君何用責三[illegible]向使不泄必爲公相姚問其故儒者云吾見織女婺女須女星皆無光必是三女星降下人間將福三子今泄天機免禍幸矣其夜儒者引姚視三星星果无光乃釋三子遣之歸山至則三女邈然如不相識夫人讓之曰子不用吾言既泄天機當与子訣因以湯飲之既飲

則昏頑如故一無所知。神仙感遇傳

李生

有李生者，其舅姓盧，有道術，邀詣其居，曰求得一妓，善箜篌，令侍飲，箜篌上朱字曰：雲中辨江樹，天際識歸舟。盧曰：此人名家，莫要作昏姻否？李生莫測而退。後取陸長源女，乃所見於盧家者，果善箜篌，朱字宛然。李生具説舊事，女曰：往嘗夢爲仙官所追，亦記見生。

盧杞

盧杞少時與麻婆者廢寺內賃居，見犢車在麻婆門外。杞窺之，一女子年十四五，神仙人也。明日潛訪之，麻婆曰：莫要作昏姻否？杞曰：貧賤安敢有此意。麻婆曰：何妨。忽報云事諧矣。後三日，見樓臺重疊，鄰舍盡空，乃前[illegible]

子也謂杞曰更七日奉見吁麻婆付藥二丸劚地種之
項刻生二葫芦斷大如甕麻婆以刃剖其中与杞各処
其一風雲忽起騰上碧霄謂麻婆曰此去洛陽多少曰
八万里良久葫芦上見樓閣以水晶為墻女子居殿中
從女數百麻婆立於諸衛之下女命杞坐具酒饌曰郎
君合得三事取一長者留宮壽与天畢次為地仙時得
至此下為人間宰相杞曰処此為上願女子喜曰此水
精宮也某為太陰夫人仙格已高郎君便是白日上升
乃為滅奏上帝少頃朱衣使者宣帝命曰盧杞欲求水精
宮住否欲地仙否欲人間宰相否杞大呼曰人間宰相
朱衣趍出太陰夫人失色令麻婆速領回推入葫芦却
至舊居塵榻儼然葫蘆与麻婆俱不復見唐逸史

園客

園客者濟陰人美姿皃而邑人多欲以女妻之客終不取常種香草積年服食其實忽有五色蛾集草上客收而薦之以布生華蠶焉時有一女自來助客養蚕蚕壯得繭一百二十枚大如甕每一繭繅六七日乃盡繅訖此女與園客俱去濟陽今有香祠傳（女仙）

楊敬真

唐楊敬真田家女也適同村王清其夫貧楊氏奉箕帚供養之職甚勤夫族目之曰勤力新婦性沉靜有暇必掃淨室閉門閑坐後得仙去傳（女仙）

封陟

寶曆中有封陟孝廉者居于少室性頗貞端時夜誦經

忽有輜軿自空而歸覩一仙姝躰欺皓雪臉奪芙蕖正
容斂衽而揖陟曰某籍本上仙謫居下界伏見郎君神
儀濟楚襟量端明特謁光容願特箕帚陟正色而言曰
某家本貞廉性唯孤介不敢當神仙降顧幸早回車姝
留詩一章曰謫居蓬島別瑤池春媚煙花有所思爲愛
君心能潔白願操箕帚奉幈幃雲軿既去後七日又至
巧言白陟曰某以業緣遽縈魔障欻起難窺舞蝶每妬
流鶯雙飛不雙飛俱能對時自矜孤寢轉懵空閨所以激
切前時布露丹懇幸垂采納无阻精誠陟又正色而言
曰某身居山藪志已顓蒙不識鉛華豈知女色幸垂速
去无相見尤姝曰願去深疑幸容陋質再留詩一章曰
弄玉有夫皆得道劉綱兼室尽登仙君能子細窺朝露

領逐雲車拜洞天陟覽詩又不廻意後七日夜姝又至曰逝波難駐西日易頹特頼韶顏須臾槁木我有還丹頗能駐命許其依託必寫襟懷能遣君壽倒三松瞳方兩目仙山靈府任意追遊陟乃怒目而言曰我居書齋不欺暗室是何妖精苦相凌逼儻若遲回必當窘辱侍衛謂姝曰小娘子廻車此木偶人不足与語況窮薄當爲下鬼豈神仙配偶耶姝長吁又留詩曰蕭郎不頋鳳樓人雲澁廻車淚臉新愁殺蓬萊歸去路難窺舊苑碧桃春輜軿出户珠翠響空然陟意不易後二年陟染疾而終爲泰山所追束以巨鏁使者驅之欲至幽府忽遇神仙騎從清道甚嚴使者躬身於路左曰上元夫人遊泰山耳俄有仙騎召使者与囚俱來陟至彼仰窺乃昔

日求偶仙姝也仙姝素追狀曰不能於此无情遂大[illegible]上判曰封陟性雖執迷操惟堅潔實由朴戇難責風情宜更延一紀使者解去鐵鏁陟遂跪謝良久蘇息追悔前日之事慟哭自咎而已傳奇

任生

任生隱居嵩山一夕美女至曰妾非精魅名列上仙宜數与君合為匹偶賜詩曰葛洪亦有婦王母亦有夫神仙盡靈匹君子意何如生竟不對女又曰阮郎迷不悟何以伸情素明月海上來緤舟却歸去

魏武帝

魏聖武皇帝諱詰汾嘗田於山澤見輜軿自天而下既至見美婦人自稱天女受命相偶旦日請還期年周時

復會于此言終而別及朞帝至先田処果見天女以所生男授帝曰此君之子也當世為帝王語訖而去即始祖神元皇帝力微也故時人曰詰汾皇帝无婦家力微皇帝无舅家

崔生

進士崔偉遊青城山下見金城絳關仙翁留生酒食以女妻之曰某惟一女願事君子此亦冥數前定不可免也歳餘生請歸得隱形符乃潜遊宮禁上令羅公遠作法照之殿後果得崔生上令笞死公遠曰此人已居上界殺之非国家之福上遣兵仗送至青城洞口果見金城絳關生妻擲一領巾化為五色絲橋令生度橋須臾雲霧四合但聞空中鸞鶴笙歌之声

吴仙君豫章人吾爲仙主陰籍八百年矣覩色界興心譴責子亦与吾可出世矣生不能自贍夫人曰寫孫愐唐韻二部每部五緡僅十載會昌初与生奔越王山作延与兩班引入越王山世數今逃尽烟蘿得再[illegible]人各跨一虎陟峯巒而去傳奇

增禮新編卷二十

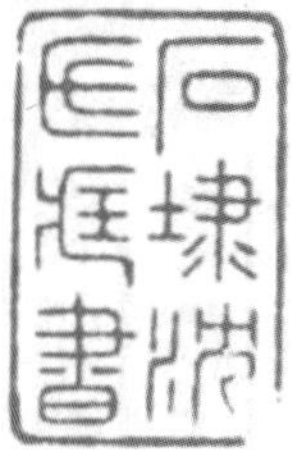

予性頗愛書一書未有必罄囊市之窘
於繳志未伸群書無由悉備凡所有者
不過薄於自奉以致之耳間有先世所
遺十不一二凡我子孫宜珍惜寶愛以
承厥志苟不思得之之難輕視達借以
致狼藉散失不孝之罪莫大焉至於借
匿陰盜之徒又不仁不義之甚者矣予
故著之簡端使借者守者惕然知警云
大冢宰從孫向容曹溎文漢壇識